AF368818

MUJER
PODEROSA

MUJER PODEROSA

¿Y SI SIEMPRE LO FUISTE?

DOLORES MARÍN GÓMEZ

Título: *Mujer poderosa*
© 2020, Dolores Marín

Autoedición y Diseño: 2020, Dolores Marín

Primera edición: septiembre de 2020
ISBN-13: 978-84-18489-21-1

DEDICATORIA.

Para ti, mujer, que te empoderaste a través de todos los desafíos y conseguiste ser una MUJER PODEROSA.

AGRADECIMIENTOS.

Querido lector, ante todo darte las gracias por tener este libro en tus manos y darme la oportunidad de este gran proyecto que hoy es una realidad.

Quiero agradecer ante todo a Dios, que me ha acompañado en todo momento en mi proceso de dolor, sanación y transformación. Hizo que hoy viera mi pasado con un significado perfecto y correcto.

A mis hijos, que son mi motor, mi vida y el impulso para seguir avanzando hacia adelante y para poder dejar un legado de algo que siempre me gustó hacer, escribir, sembrar esa semilla que hoy quiero compartir con el mundo entero.

A mis padres, por darme la vida, el amor y las enseñanzas con unos valores increíbles.

A ti, papá, que tuve que sentir el más profundo dolor en mi alma y fue lo que me impulsó a escribir todo lo que mi alma sentía. Fuiste mi motivación a través de tu partida, sabiendo que nunca más te vería. Hoy sé que tú sí que me ves, me ayudas, me proteges y me mimas. ¡Te quiero!

A ti, mamá, por tu fortaleza para sacar adelante la familia, por ser trabajadora y queriendo que no nos faltara de nada. Nunca una queja salió de ti. ¡Te admiro y te quiero!

Y a todas las personas que de una manera u otra han llegado a mi vida y de todas ellas me llevo un aprendizaje. Gracias.

ÍNDICE

OPINIONES DE LOS LECTORES.

Gracias, Dolores, por escribir *Mujer poderosa*. Es un libro maravilloso y esencial para recordar la importancia de amarnos a nosotras mismas antes de buscar el amor en las relaciones de pareja o en las relaciones con los demás, fuera de nuestro corazón. Nos recuerda la importancia del desapego en todas las relaciones, aprender a no esperar del otro lo que no podemos darnos a nosotras mismas y de poder soltar una relación cuando realmente nos conlleva sufrimiento. El desapego es a menudo una elección por amor a uno mismo que te ayuda a recuperar la libertad interior y a empezar a vivir una vida que merezca ser vivida. Recomiendo leer *Mujer poderosa* a toda mujer que se encuentre en un momento de replanteamiento de su vida y a todas las mujeres a quienes les gustaría recuperar su libertad interior y volver a amar sin miedo ni apego.

Laia Burillo.

Un libro espectacular donde sanarás en profundidad. Te verás sumergido en su lectura cual pececillo en el mar. Encontrarás la llave del perdón que abre las puertas de cada corazón. Gracias, Dolores, por este regalo.

Tania Carrillo Arias, autora
de la saga "El sol de tu corazón".

El apego hacia una cosa o persona nos puede llevar a perder nuestra personalidad por estar pendiente de aquello que estamos tan obsesionados en tener, ya que sin esa persona no seríamos felices. Loli te explica de una manera muy sencilla la forma de salir de esa dependencia y que empieces a brillar con tu propia luz. Muchas gracias, Loli, por este maravilloso libro.

María José Martínez, autora de la trilogía
"No te aferres a la vida. ¡Vívela!".

Gran desafío cuando se nos presenta el tener que dejar atrás las experiencias y situaciones negativas que hemos vivido con otras personas, dejando atrás el rencor que nos han provocado. *Mujer poderosa* me ha hecho reflexionar sobre el perdón, gran palabra que a veces decimos a la ligera y que en realidad es importante haber hecho una reflexión antes de decirla. Nos ayuda a hacer esa búsqueda en nuestro interior y ver el porqué de esa reacción de rabia, sanar lo que nos duele, que solo una sabe de esas heridas, vaciar la mochila que tenemos a cuestas con tanto resentimiento y volver a conectarnos con nuestro SER. Qué importante es aprender de todas y cada una de nuestras experiencias para ser libres. Gracias de corazón por este último y gran libro de esta trilogía.

Lorena Ortega, estilista y experta
en terapias alternativas.

Siento una admiración muy profunda por todo lo que nos trasmite a través de su trilogía. Dolores es una experta en la experiencia de la vida, por eso a través de sus palabras nos acompaña a comprender, aceptar y a perdonar y así poder hacer el viaje más largo y a la vez el más corto de nuestra vida, que es hacia nuestro corazón. Disfruta de esta lectura ya que en ella empieza un viaje hacia ti misma que trasformará tu vida y te conducirá a una vida más ligera de equipaje y más llena de amor. Gracias, gracias, gracias por estar en mi mundo. Te amo.

Kimi Turró, escritora del libro *Te amo, gracias* y creadora del proyecto Kimicor.

Al tomar contacto con este maravilloso libro pude conocer y comprender muchas situaciones de sufrimiento en mi vida. Gracias a la clara explicación que nos ofrece Dolores pude superar situaciones personales que antes había pensado que era la única manera de vivir. Gracias a los conocimientos y a la sabiduría en este libro conozco una manera de vivir sin apego y desde el AMOR. Me ayudó a mejorar y a experimentar el amor que me llevó a SER libre.

Ana María Eberhardt, autora de la trilogía "Todo es posible, no lo dudes".

INTRODUCCIÓN

¿Cuántas veces has pensado que tú no mereces o no conseguirás nunca llegar a estar bien en todos los ámbitos de tu vida como son las relaciones, lo laboral, lo económico y la salud? Has nacido en una familia de clase media y eso es lo que te hace pensar que tú no mereces lo que por derecho te pertenece.

Si te suena esto, genial, porque te mostraré que hay algo de lo que simplemente no eres consciente. Es una conocida terapia y yo la denomino "poder mental".

Este libro se basa en tres razonamientos principales.

1- Tus creencias, tu poder de pensamiento y los conocimientos que tienes por las vivencias adquiridas, y cómo revertirlas con pensamientos mucho más satisfactorios.

2- Tienes el derecho como cualquier persona de poder tener todo lo que te propongas, adquiriendo los conocimientos y experiencias que te iré mostrando para ayudarte a tener el "éxito" y conseguir ser "mujer poderosa".

3- Empiezas a encontrar lo que siempre quisiste ser, lograr tu estabilidad laboral, económica, personal… Empiezas a sentirte más fuerte porque empiezas a ser TÚ.

Pero si en algún momento aún piensas que no estás completa porque no tienes pareja, ese compañero para poder acompañarte en esa etapa de tu vida y que juntos podáis ir caminando por el sendero que tú has elegido, necesitas ese equilibrio emocional.

En este libro te enseñaré que no estás sola. Siempre tenemos a nuestro lado esa persona que nos apoya, nos guía, nos muestra el camino y ayuda a levantarnos cuando nos caemos y nos hace seguir hacia adelante.

Siempre tenemos a nuestro ángel que nos protege de todo el mal. Lamentablemente esto no nos lo enseñan en los colegios, pero te contaré cómo funciona en lo que voy a relatarte en las siguientes páginas.

Este no es un libro más de los que has podido leer, ¿y sabes por qué? Porque te guiaré y poco a poco comenzarás un camino para que tu vida sea totalmente distinta. Pero solo te pediré una cosa y es que no lo dejes como una lectura más, "actúa" y ponte en movimiento.

Este será mi regalo para ti, porque igual que tú yo empecé mi camino en busca de mi libertad y felicidad, y hoy soy una... Mujer poderosa.

MUJER PODEROSA, ENCONTRARÁS LAS RESPUESTAS A TODAS TUS PREGUNTAS.

¿Cuántas veces has oído el comentario "¡Ya tienes que tener pareja! ¡Te estás haciendo mayor!"? O simplemente te dejaste llevar por tus amigas porque ya tenían pareja y tú también tenías que tener.

Mujer poderosa es una guía donde transformarás el paradigma que estás teniendo hasta ahora y que no deja que tus relaciones sean prometedoras porque estás repitiendo patrones o situaciones y no sabes por qué. No entiendes nada de lo que te pasa, simplemente le echas la culpa a tus padres que se separaron, algún familiar que nunca tuvo pareja, etc.

¿Por qué "mujer poderosa"? *Mujer poderosa* es un título con el que yo me identifico mucho. No significa que TÚ tengas que ser más que nadie y no necesites de gente para estar en equilibrio. Es un libro que recoge todo el potencial que tú tienes para que lo saques a flote y poder conseguir todo lo que tú te propongas en la vida. Nacimos siendo felices y otra opción que estés pasando es lo que nosotros hemos creado de nosotros mismos, mirando el qué dirán y no queriendo hacer daño a nadie y menos decepcionar a personas de tu entorno, y mientras tanto no estamos viviendo en armonía. Todos necesitamos de todos, pero en equilibrio y tú siendo la persona que toma la riendas de tu propia vida.

Antes de comenzar, déjame abrir un poquito mi corazón. Hoy soy una persona sin pareja porque así lo decidí y puedes hacerte la pregunta "¿Cómo me puedes enseñar el camino a tener una relación prometedora si tú no la tienes?".

Primero de todo porque eso es una decisión que te hace ser consciente de la realidad. Cuando estás en el proceso de cambio, tanto de tu crecimiento personal como del emocional, encuentras tus porqués y para qué. Me di cuenta de que mi propósito es ayudar a encontrarte contigo misma y que seas tú la que tomes la decisión de tener esa pareja de vida o no. No descarto la idea, pero llegará el momento si así lo tiene preparado el destino.

No seas como las olas que van y vienen, encuentra y escucha tu interior y ve hacia ello porque es la mejor felicidad y bienestar para tu alma. Que no te frene el que dirán, que no te frene tu entorno, tu pareja, tus padres, tus hijos... Cada uno tiene que vivir su propia vida. La vida es corta, vive y sueña. Vive la vida que tú quieres vivir porque nadie lo va a hacer en tu lugar. No reprimas tus emociones, déjalas salir. Escucha tu niño interior, todo el mundo tenemos ese niño. ¡Escúchalo ¡Abrázalo! Cuando empieces a escucharte y saber la necesidad que tiene ese niño encontrarás tu felicidad. Vive la vida, solo hay una. Sueña. Vívela y disfrútala.

¿QUIÉN ES DOLORES MARÍN GÓMEZ?

Cuando nos preguntan quiénes somos rápidamente contestamos por el nombre, "Me llamo Dolores", y damos por hecho que eso es lo que nos define. Pero yo te preguntaría: ¿quién eres en realidad? Algo externo como tu nombre, lugar donde naciste y el entorno que te rodea no te definen para saber quién eres.

Nací en el mes de julio de 1960 en Barcelona, pero mi niñez, infancia y juventud las pasé en Gavá (un pueblo cercano a la provincia de Barcelona) donde mis padres emigraron para poder tener una vida mejor. Soy la mayor de dos hermanas.

Era una niña tímida con miedos, prejuicios, inseguridades y muchos complejos. Vivía actuando hacia los demás, con la autoestima muy baja y no siendo yo misma. Tuve negocios que no salieron bien y un matrimonio fracasado.

Ahora te puedo contestar a la pregunta "¿Quién soy yo?". Soy una persona totalmente distinta, fuerte, segura, emprendedora y única.

Gracias a mis vivencias y mi aprendizaje de todos estos años supe ver lo bueno que hay en mí, algo que desconocemos muchas veces por miedos, por no prestarnos atención y no escuchar tu interior, esa vocecilla que te habla y te dice cuánto tú vales.

Tenemos que pasar por un punto de inflexión para darnos cuenta de algo que estaba muy adentro y en mi caso fue la pérdida de mi padre. Eso hizo que ahora tú puedas estar disfrutando de estas líneas. Te animo a que busques dentro de ti y saques eso que escondes y no te deja ser tú misma. Así reconocerás quién realmente eres y aparte de decir tu nombre te identifiques como persona única y extraordinaria.

"La relación más auténtica que vas a tener a lo largo de tu vida es contigo misma.

Las demás serán momentos Y proyecciones de nosotros mismos"

— Dolores Marín.

1.

¿QUÉ SON LAS CREENCIAS?

Quiero empezar hablándote de algo tan importante como son las creencias porque de ahí dependerá ese cambio y con ello tu nueva vida.

"Había una vez, hace ya algún tiempo, un padre y un hijo que fueron al circo que en esos días visitaba la ciudad. Antes de la función se permitía a los visitantes que pasearan entre las jaulas para poder contemplar a las fieras salvajes que más tarde aparecerían en el espectáculo.

Jirafas, tigres, leones, osos pardos… El niño estaba alucinado, impresionado… Pero algo llamó poderosamente su atención y se lo hizo saber a su padre:

—Papá, fíjate en ese elefante… Es enorme, gigante, y en lugar de estar encerrado en una jaula inmensa, está atado por una pierna a una estaca clavada en el suelo. ¿No te parece que podría romper la cadena que le sujeta con mucha facilidad?

—Estás en lo cierto, no comprendo por qué el elefante no se libera.

Decidieron preguntarle al domador para que les aclarara sus dudas.

—Oh —les dijo—. Esta es una de las mayores enseñanzas que he obtenido yo del circo… Os felicito por haber percibido el detalle. Os lo voy a explicar: estáis en lo cierto. Este elefante podría arrancar la daga que le mantiene sujeto, simplemente con proponérselo… Pero no lo hará.

—¿Por qué? —preguntaron padre e hijo al unísono.

—Nació en cautividad y al poco de nacer se le ató una cadena en la pierna y se le fijó a una daga clavada en el suelo como la que hoy habéis visto. El pobre animalito luchó y luchó para intentar liberarse, estuvo días y noches peleando con la cadena, intentando arrancar la daga… Meses de lucha sin cuartel que terminaron con un pequeño elefante cansado y rendido que renunció a luchar más porque había asumido su derrota. Y, aunque ha crecido y con su fuerza actual podría liberarse sin esfuerzo, su mente le mantiene cautivo.

Padre e hijo estaban atónitos. ¡Podía escapar y no lo hacía porque desconocía su actual potencial, porque había asumido como permanentes sus limitaciones de infancia!

—Hijo mío, recuerda bien la lección que hoy hemos aprendido. Aunque intentes algo y no lo consigas, no dejes de intentarlo, porque puede que tus nuevas aptitudes te hagan apto y capaz de lo que antes para ti era un imposible."

Marian Gil.

¿Cuántas veces no nos has pasado esto?

¿Qué miedo tienes que te está impidiendo liberarte y conseguir lo que tú deseas? Quítate las creencias limitantes que te impiden avanzar y descubre la fuerza que acompaña a tu desarrollo personal. Es una experiencia única y transformadora.

Las creencias son convicciones. Tu vida la enfocas según tus creencias. Tienes que cambiarlas y se pueden cambiar. Va a costar, pero se puede cambiar.

Tienes que desprenderte de las costumbres, ideas, tradiciones y temores que te causan infelicidad y que no te permiten vivir la vida que sueñas.

La creencia es un pensamiento inconsciente que se aposenta en tu subconsciente y nunca nos lo cuestionamos. Su finalidad es garantizar tu supervivencia, según el significado que le haya dado tu mente anteriormente. Tienes que hacerlo consciente para poder salir de tu zona de confort y poder modificar en consecuencia tu resultado.

No te preocupes si te resulta complicado entenderlo, te pondré un ejemplo.

¿Tuviste en tu pasado una relación con una mala experiencia y esto te provocó dolor? Tu mente trata de evitar ese dolor, crea un patrón de manera que en un futuro ante una situación semejante puedas huir.

Tu mente genera pensamientos negativos hacia la nueva persona que estás conociendo y te acompañará una emoción negativa y serás consciente de que lo mejor será dejarlo.

Estarás justificándote y creyendo de que has hecho lo mejor, pero tu resultado será estar sola y sin amor.

Y te dirás "Siempre me vienen las personas con los mismos defectos".

Cuando hagas consciente el inconsciente, descubrirás las creencias que tienes albergadas y estas son las que te sabotean.

No quiero que pienses que no puedes cambiar esta situación. Yo te diré cómo yo lo hice, pero sobre todo quítate el papel de víctima, eso no va contigo. Llegados a este punto eres una mujer poderosa y vamos camino de encontrar tu pareja ideal, pero antes de nada tienes que quererte TÚ, esa es la base.

Observa este gráfico. Vemos un claro ejemplo de lo que es el consciente y el inconsciente, que es lo que determina tus creencias.

El consciente es la parte de la superficie más pequeña comparándola con el inconsciente y esta es la que determina el ahora, es la que te hace tomar decisiones en el momento. Te pondré un ejemplo. Si voy a la cocina y hago una comida en especial, eso es lo que yo decido en el momento, o salir a pasear, etc. Mientras, el inconsciente es una parte muy importante de nuestra mente y como vemos es mucho más grande. No solemos tenerlo en cuenta, pero es ahí donde tenemos grabado todo lo que vive tu mente consciente tanto si es bueno como malo y eso lo tenemos desde nuestras vivencias de niños hasta ahora en este instante. No somos conscientes de cómo las creencias nos dirigen porque nadie nos ha explicado hasta qué punto gobierna la dirección de nuestras decisiones, experiencias y el rumbo de nuestros destinos. Me gusta poner el ejemplo de la metáfora de que nosotros somos un barco que va navegando por el mar y nuestras creencias es el capitán que decide a qué puerto vamos a parar. No somos muy conscientes de cómo funciona nuestro sistema de creencias. No nos lo cuestionamos y muchas veces no somos conscientes de que pueden afectar o influenciar en nuestra salud y nuestro bienestar y, en definitiva, en nuestra vida. Las creencias es la estructura que forma la identidad de cualquier persona. Dependiendo de cómo lo interpretamos a nuestra realidad, la creencia va a determinar qué capacidades tenemos, cómo nos movemos en el ambiente y los valores que tengamos. Es decir, va a determinar nuestra relación con el entorno en algo que aprendimos en una infancia, donde hemos escuchado comentarios que han formado la creencia de nosotros mismos y nuestra creencia sobre el entorno, lo que va a influenciar en cada cosa que hagamos.

Patrón mental.

Cada uno de nosotros disponemos de un patrón personal ya grabado en nuestro subconsciente y este patrón, más la combinación de todas las demás cosas, es lo que va a determinar tu destino emocional.

A través de mis consultas he podido identificar personas que durante sus conversaciones, solo con unos minutos, puedes determinar cómo le ha ido en cualquier área de su vida y eso determinará en su futuro sentimental.

Con los conocimientos adquiridos he podido ver y observar que todo se basa en una fórmula y esta es "Tus pensamientos van dirigidos a tus sentimientos que te llevan a tus acciones y que es igual a los resultados".

PENSAMIENTOS + SENTIMIENTOS = RESULTADOS.

¿Cómo se formó tu patrón? Es sencillo, es lo que principalmente entró en tu programación. En la mayoría de las personas las encontramos en padres hermanos, abuelos, amigos o figuras cercanas que tuviste cuando eras niña.

Fue lo que viste cuando eras pequeña. ¿Tus padres se llevaban bien?, ¿Discutían y tenían problemas que tú veías y no entendías qué pasaba? ¿Tienes amigos o familiares que no llegan a tener una relación estable, sino que pasan de relación en relación y no encuentran la persona idónea?

Todo esto que tuviste en tu niñez y en tu vida es lo que se te ha ido almacenando en tu mente y, como ya hemos dicho anteriormente, tus pensamientos te van a llevar a los sentimientos, estos a las acciones y las acciones a los resultados. Los pensamientos se van archivando honestamente con toda la información que estás viendo y se crea una programación que va a determinar cada pensamiento que tengas en tu mente.

Por lo tanto, lo que tenemos que hacer es cambiar la programación y hacer el primer paso que te llevará al cambio de tus resultados.

Estate atenta a tu lenguaje. Es importante que escuches cómo hablas de ti misma, cómo te diriges a ti. "Soy un desastre, no hago nada bien, siempre cometo el mismo error…". ¿Qué es lo que nos ocurre? ¿Te has parado a pensar por qué te hablas así? Eso es porque tenemos un complejo de inferioridad, no nos consideramos guapas porque no estamos ante un mundo que nos considere así. Vivimos muchas veces dependiendo de nuestra autoestima.

Mírate al espejo y ve la persona que siempre fuiste, alguien brillante tanto en el exterior como en el interior.

Ese tipo de lenguaje tienes que cambiarlo, tienes que respetarte y valorarte a ti misma como harías con la otra persona.

"El poder que tienen las palabras… Unas pueden ayudar y otras pueden matar".

Vamos a por tu cambio…

2.

CÓMO CONSEGUIR UN CAMBIO.

Tienes que cambiar la rutina de tus pensamientos y sentimientos de siempre, ya que los tienes en tu estado, en tu SER y, por consiguiente, te traen conductas y los mismos resultados. Si queremos tener resultados diferentes, tenemos que cambiar nuestra realidad, que es pensar, sentir y actuar de distinta forma. Tenemos que ser distintos en cuanto a respondernos a las experiencias que vayamos teniendo. Tenemos que convertirnos en otra persona y crear un estado mental necesario para tener un resultado con esa nueva mente.

Cambiar tu vida es cambiar la energía, así cambias tus emociones y el cambio lo verás realizado, así que si deseas un resultado distinto debes eliminar el hábito de ser quien siempre fuiste.

Si tu resultado no lo ves materializado, seguramente has estado enviando un mensaje equivocado y confuso al universo. Te pondré un ejemplo para que lo comprendas bien, porque es importante que lo entiendas. ¿Quieres tener una pareja? Tus pensamientos es de tener una relación, pero… ¿Te sientes no merecedora de que nadie te quiera? No vas a atraer la relación porque los pensamientos es el lenguaje de la mente y los pensamientos del cuerpo. Estás pensando una cosa y sintiendo otra totalmente distinta. Cuando la mente y el cuerpo están unidos, nuestros pensamientos son coherentes a nuestros sentimientos. Imagínate un cable conector con el universo, depende tu señal y así recibirás.

Cuando queremos tener una relación y pensamos que todos los hombres son iguales, que no quieren una relación, que no quieren comprometerse, todas esas palabras que estás emitiendo a tu cerebro no están. Alinéalas a lo que tú deseas, por eso tienes que ser consciente de lo que piensas y sientes, para que el resultado lo veas materializado.

¿Por qué a algunas personas se les presentan parejas que no quieren comprometerse y a otras se le acercan personas que quieren tener relaciones serias, comprometidas e involucradas en la pareja? ¿Te hace pensar por qué algunos sí y otros no? Pues muy sencillo: en su pensamiento ya lo está pensando y eso es lo que atrae.

Muchas veces cometemos el error de decir "¡Yo soy así y no voy a cambiar!". Es la típica frase que solemos escuchar, ahora ya sabes por qué las cosas que deseamos no llegan hacia nosotros. **Ponlo en tu mente y lo tendrás.**

El problema no está fuera de ti, está dentro y no son las otras personas, eres TÚ.

RECIBIMOS LO QUE ENVIAMOS AL UNIVERSO.
Si hemos sufrido en una relación anterior y nuestra mente y nuestro corazón están conservando ese sufrimiento, lo expresamos con nuestros pensamientos

y sentimientos, por ende, estamos enviando una señal al universo. Nuestros pensamientos envían una señal (estoy sufriendo) y nuestras emociones (estoy sufriendo) atraen a nuestra vida una situación que se asemejará con la frecuencia con la que estás emitiendo **sufrimiento.**

LOS RESULTADOS TE SORPRENDERÁN. Cuando tú has hecho esos cambios de alinear tus pensamientos con tus emociones, para crear otra realidad, debes dejar al universo que se encargue de cómo y cuándo te llegará a ti. Cuando cambias tu mundo interior, el modo pensar y sentir, verás tu mundo exterior cambiar te propongo que hagas la prueba, crea una realidad nueva y distinta realidad. Olvida el pasado. Eso quiere decir que tus pensamientos y emociones te llevarán a un resultado deseado por ti. Esto ocurrirá inesperadamente, no pienses cómo llegará a ti. Deja que el universo se alinee, recoja tu mensaje y el "cómo" no será cosa tuya. Lo que sí te puedo asegurar es que te llegará. Serás creador de tu propia vida y pasarás de "causa y efecto" a "causar efecto".

Piensa por un momento si podemos cambiar nuestros pensamientos. ¿Qué crees que te esperará? ¡Interesante!

Rompe las cadenas de tu pasado. **Diseña la vida que deseas.**

"Cuando creí estar enamorada fue cuando me di cuenta de que yo no me estaba queriendo y es ahí cuando comprendí que, si yo no me quiero, ¿quién se va a enamorar de mí?
Quiérete tú y te sorprenderás lo que te viene de camino".

— Dolores Marín.

3.

APRENDE A AMARTE A TI MISMA.

¿Qué más importante que quererte a ti misma?

Tienes que tener claro que el amor hacia ti misma es lo que te va a hacer sentir realmente libre. Te dará esa paz interior que estás buscando. Si quieres conseguir amarte de verdad, lo que necesitas es conectar con tu yo interior y escucharte. Tienes que intentar dejar atrás todo lo que te impide para conseguir tu objetivo, como el estrés, ser tan perfeccionista, exigente, buscar la necesidad de aprobación de los demás, etc.

Tienes que tener claridad, quitarte esa máscara y saber que eres superior y no necesitas aprender a quererte. Pero como esto no es una tarea fácil, te contaré todo lo que yo he aprendido y puse en práctica.

Muchos de tus problemas pueden estar derivados, igual que me pasaba a mí, de tener un total desconocimiento de tus necesidades. En realidad no te conoces, ¿cómo vas a querer a una persona si no te conoces? Tienes que mirar hacia dentro y encontrar la respuesta. No estás contenta con tu físico, no sabes combinar tu ropa, no sabes en qué momento dado cómo puedes ponerte el maquillaje, no te sientes segura cada vez que te miras al espejo, encuentras una pega, etc.

Tienes la máscara puesta, aparentas ser fuerte segura y autosuficiente.

Tú misma te estás engañando y sabes que no eres así, pero ¿cómo decírselo a alguien? ¿Cómo pedir ayuda? No quieres quitarte la imagen que das de tenerlo todo controlado y así pasan los días. Te vas haciendo más frágil por dentro y hay momentos en que no puedes más. Es cuando te das cuenta que en realidad tú eres una de esas personas que necesitan aprender a quererse y a valorarse. No sabes cómo puedes solucionarlo, no piensas que esto puede venir de ti, crees que todo viene de situaciones externas que puedas estar pasando, de tus padres o tu propia pareja que puedas estar teniendo en ese momento…

Ahora te mostraré lo que sí te hará quererte a ti misma. Es increíble ver y saber que hay personas que no se quieren a sí mismas, no se valoran y sienten que no valen nada y hacen sentirte en deuda con la otra persona. Ese tipo de pensamientos son los que tienes que desechar de tu mente porque todos somos uno. Esto lo tienes explicado en el segundo tomo, *El cristal donde te miras*. Encontrarás paso a paso por qué te pasa esto, pero ahora quiero darte unas claves para quererte ti misma y así poder conseguir ir en el camino correcto.

Tienes que identificar qué habilidades tienes. Todo el mundo tenemos alguna esa fortaleza que nos hacen ser más habilidosos en según qué cosas que otras. Tienes que profundizar sobre esas cualidades que en el fondo sabes que te hacen excepcional.

Acepta tus errores, analízalos, supéralos y aprende de ellos. Tienes que tomártelo como un aprendizaje para seguir avanzando porque amar es aceptar tanto los defectos como todos tus errores.

Acepta tus errores y trabaja en tus fortalezas. Es importante que preguntes en tu entorno qué es lo que ven de ti y saber en qué fallamos y qué es lo que hacemos bien. Estos son la mejor crítica para poder tener mayor conocimiento y así poder trabajar en los aspectos más débiles. Algo importante que no debes olvidar es que no debes tomarte los errores como una crítica. Sin error no hay crecimiento, así que aprende de ellos y ya supéralos.

Arréglate y cuida tu imagen. Pero para ti. Tú eres la primera persona que tiene que hacer las cosas para ti. No olvidemos que tienes que aprender a quererte, cambia la actitud contigo, desmaquíllate y maquíllate a diario, lava tu rostro y haz todo lo que esté a tu alcance para sentirte guapa. Con esos pequeños cambios verás cómo tu actitud hacia ti misma cambia y por lo tanto tu autoestima sube.

Haz ejercicio y cuida tu alimentación. Es importante que tu cuerpo esté en movimiento, nútrete de alimentos saludables y bebe mucha agua (recuerda que nuestro cuerpo está compuesto en una gran parte de agua). Sentirás mucha más energía.

Sé honesta, contigo y con las demás personas. No te aferres a demostrar ser otra persona. Sé tú misma, enseña a los demás tu YO interior y descubrirás cómo el mundo te estaba esperando. Tendrás tranquilidad de vivir con tu SER y no parecer alguien que no eres. Siempre di lo que sientes, sé humilde con tus ideas y convicciones. Eso te hará libre y te darás cuenta de que no debes nada a nadie y los que están a tu lado lo hacen porque te quieren de verdad.

Practica la lectura. Esto es algo que a mí me funcionó muchísimo. Aprende algo nuevo cada día, eso te hará sentirte con unos conocimientos importantes y no estarás estancada. Supérate y ten ilusión por algo grande que te va a llegar. Te estás enriqueciendo mucho y cada vez te sientes más fuerte y con más conocimiento hacia tu persona.

Con estos simples pasos y poniéndolos en práctica has dado un gran paso de conocerte, algo que ya lo tenías olvidado. Estás queriéndote, no te conozco, pero si has llegado hasta aquí es porque tienes ilusión, ganas de superación y, sobretodo que te llegue esa persona que tanto ansías, tu compañero de vida.

¡SÉ FELIZ!

Un día reflexionando pensé: ¿qué significa ser feliz? Había conseguido tener mi familia, mi negocio. Había personas que me decían que les gustaría ser como yo, fuerte y decidida, pero yo en mis adentros pensaba "¡Tú qué sabrás!". Tenía todo para ser feliz, pero no me sentía así. Sentía que me faltaba algo. Estaba inmersa en mi trabajo, mi familia, mi casa... Quería que todo saliera bien, que no nos faltara de nada. Me estaba enfocando en cosas externas y lo que no sabía realmente era que yo no sabía lo que era la felicidad. Creía que la felicidad venía del exterior, la imagen que yo proyectaba hacia los demás dependía solo de cosas externas.

Cuando quieres ser feliz es importante que sepas que no te dará la felicidad el tener cosas externas como un coche, una casa o tener relaciones solo por el hecho de estar con alguien, para no estar sola. ¡Cuánta infelicidad! La felicidad viene de dentro, de tu ser, siendo mejor persona, vibrando con el amor. Mientras estoy escribiendo este libro estamos pasando una situación complicada en España. No podemos salir a la calle debido a un pandemia que le está costando la vida a muchísimas personas. En este proceso te das cuenta de que no se necesita tanto para vivir, que con poco pasas, que no necesitas ese bolso que deseabas con tantas ganas, ese vestido para lucir bonita… En este momento solo pienso en la calidad humana, estos seres queridos que por falta de tiempo no te comunicabas con ellos sabiendo que estaban ahí, pero hay que ser consciente de que íbamos muy deprisa. No teníamos tiempo para nada, solo trabajar para poder pagar las deudas que cada vez íbamos incrementando y para aparentar lo que nos pensábamos que nos haría feliz.

La vida como siempre nos está dando una gran lección y nos paró de golpe porque nuestra Madre Tierra se quejaba y no le estábamos haciendo caso.

Momentos de reflexión, introspección y reconocimiento de tu propio ser. Estoy convencida de que pasado estos momentos muchas cosas cambiarán y daremos las gracias por el simple hecho de poder respirar, tener un día más para poder vivir el presente, volver a sentirnos como niños que con una mirada a una simple flor nos emociona, un café, un atardecer, un paseo por la orilla del mar… Esas cosas que las tienes tan cerca y tan básicas para tu persona y de pronto te das cuenta de que puedes perderlo todo, incluso tu propia vida.

Valoremos y acerquémonos más a tus seres queridos, esos a los que en algún momento fallaste por no tener tiempo y dedicarlo a esas grandes "cosas" que tú creías mucho más importantes. Dejaste de lado lo más importante: tus hijos, padres, amigos, familiares o personas que un momento de tu vida estuvieron apoyándote y queriéndote.

Te animo a que dediques unos minutos para ti. Ahora que la vida nos posiciona es el momento de reflexión. Escúchate. ¿Qué sientes? ¿Qué emoción sientes? Es el momento de perdonar. Deja ir todo, las rencillas y los malos rumores que vinieron alguna vez a ti. No prejuzgues, delega. Tú no lo puedes controlar todo. Prioriza lo que te aporte tranquilidad y bienestar, siente la emoción del amor y no el de la razón, ríete de la vida, no presiones y sobretodo di gracias por todo lo que tienes. Yo te doy las gracias a ti, que estás teniendo este libro en tus manos. **Seamos felices.**

¡Tienes tanto que dar a los demás y no lo estabas haciendo! Cuánto más das, más recibes.

Pero como siempre hay un "pero". Entra el juicio y piensas que si tienes que acercarte a esas personas que en su día dejaste de lado por situaciones que pasaron y no hubo esa comunicación por ambas partes desde el sentimiento del amor. Pero aun así te lo planteas y piensas: ¿por qué no? Voy a dar el paso y es cuando en ese momento te entra una sensación que es la emoción de dolor, rabia, resentimiento..., y te hace estar mal. Es un indicador de que no está sanada esa herida ni cerrada, y esos sentimientos te están causando unas emociones que no son buenas para ti ni para tu cuerpo. Porque déjame decirte una cosa: eres tú la que lo pasas mal. Igual la otra persona ya lo sanó y ni se acuerda, pero tú estás sufriendo y eso no te deja actuar y seguir hacia delante en tu vida.

Así que en primer lugar define y sé muy consciente de lo que te causa ese dolor y partir de ahí vamos a llegar al punto de la herida, sanarla y restaurarla. En el segundo libro de esta trilogía, *El cristal donde te miras*, te doy pautas muy concretas para poder sanar y restaurar esas heridas.

Ahora hablaremos del PERDÓN.

EL PERDÓN.

No es fácil hablar del perdón. Existen momentos en la vida de las personas en que hay que resolver de forma constructiva las penas o malentendidos de un pasado. El perdón es un concepto de gran actualidad.

Pero aun así nos hacemos estas preguntas. ¿Qué significa perdonar? ¿Qué puedo perdonar? ¿A quién se puede perdonar? ¿Qué es lo que no se puede? ¿Existe lo imperdonable? ¿Qué diferencia hay entre el perdón y la disculpa? Sin duda son preguntas que no podemos eludir, pero en cualquier caso algo que está claro es que se dice la palabra "perdón" muy a la ligera y hay que tener más cuidado. Decir perdón no es fácil si crees que hay un rencor en ti.

Cuando nos hacen daño la primera reacción inmediata es ir en contra de la persona que nos lo hizo. Esta es una reacción lógica a corto plazo tras impedir que el daño continúe, pero si la acción sigue por mucho tiempo te puedes ver reflejado en la siguiente metáfora.

Cuando alguien te hace daño es como si un gran bicho te hubiera mordido. Se hace una herida que a la vez intentas curar. Te llevara más o menos un tiempo, pero al final cerrará la herida. Pero el problema será mucho peor cuando a través del tiempo ves que no sana y es que hay un veneno dentro que te impide que la herida se cierre. Ese veneno es la rabia, rencor, la venganza, el querer que le pase lo mismo que tú estás pasando. Este veneno puede estar ahí por mucho tiempo, incluso años, por eso la herida no se cierra y el dolor no se marcha durante todo ese tiempo. Y mientras tanto tu vida pierde alegría, fuerza y energía.

Cada vez que piensas en la venganza o la injusticia que te han hecho, la herida se abre y duele porque recuerdas el daño que te han hecho y el recuerdo del sufrimiento te lleva a sentirlo de nuevo.

Pero hay que sacar ese veneno de dentro de tu cuerpo y no tener ese pensamiento de venganza y de destrucción hacia la persona en cuestión que te hizo ese daño.

Obvio que tendrás que procurar que ese bicho no te vuelva a morder, pero para eso no tendrás que matarlo, solo evitar o aprender a defenderte y no verte envuelta en una situación que se pueda volver a repetir.

El proceso del perdón no implica un abandono de la búsqueda de la justicia ni dejar de defender tus derechos, solamente se trata de no buscar en ello un desahogo emocional que implique que la búsqueda de la justicia se convierta en tu obsesión y dificulte tu avance en todas las demás áreas de tu vida.

El perdón es un elemento donde se trabaja hoy en día a nivel terapéutico. Nace en los años 70, pero no se considera hasta el año 90 introducirlo en las sesiones, siendo muy positivo y obteniendo resultados muy increíbles en la persona.

El perdonar es comprometerse por tu propio interés y obtener los beneficios, que tus pensamientos se dirijan a querer lo mejor para la otra persona, aunque sea solamente para que recapacite y no vuelva a hacer daño a nadie o deseándole lo mejor en la vida, pero sintiéndolo desde el amor.

El perdón no es un acto que se debe hacer en un momento dado, sino que es un proceso continuo que se puede ir profundizando y complementando a lo largo del tiempo.

En primer lugar, debes dejar de tener acciones o pensamientos destructivos, como pensar en vengarte o comentarios a personas externas de lo que te pasó, así como desear que le suceda algo malo.

En segundo lugar, tener actos positivos hacia la persona, completando el perdón y encontrar lo bueno que pueda tener. Si en ese proceso sientes que puedes tener algo positivo, se puede restaurar la confianza.

Cuando tú perdonas no quiere decir que haya una reconciliación. Perdonar o pedir perdón son opciones muy personales que no necesitan de la aprobación de la otra persona, sin embargo la reconciliación es un proceso de dos. El perdón no supondrá nunca restaurar la relación con alguien con la que hay mucha posibilidad de que pueda volver a hacer daño.

El perdón no significa olvidar el pasado. El olvido es un proceso que se irá dando o no en el tiempo.

Para pedir perdón es necesario ser consciente de que se ha hecho un daño importante, ponerse en su lugar y sentir de verdad el dolor de la otra persona.

Y ahora que sabes lo que es el perdón te pregunto: ¿perdón o venganza? ¿Qué es lo que quieres hacer?

La venganza es dulce por un instante, pero sale de una persona de malos sentimientos y sé que tú no los tienes. La venganza es amarga, dolor y sufrimiento, donde todo se pierde y no se tiene nada. Las verdaderas ofensas no pueden pagar el daño y al dolor no le podemos dar la vuelta. Castigar a la persona no les hace daño aunque te produzca una satisfacción temporal. La venganza te hace salir del mundo del amor y entras en el mundo de causa y efecto, el que da recibe, y tu castigo llegará tarde o temprano. No se trata de ser blanco o negro, culpable o inocente. Para mí hay uno más: el perdón.

La restauración del dolor es donde el castigo y el pago han sido borrados. Cuando tú perdonas la ofensa no desaparece hasta que tu hayas asumido la deuda y la pérdida. Sabiendo esto es tu beneficio como ser humano sentir desde el perdón. No se trata de equilibrar una balanza, no se trata de pasar página, sino de cambiar el libro completo. Cuando tú perdonas, todo se hace nuevo. No hay nada más terrible ciclo de la venganza.

Imagínate todo ese enfoque que te produce la venganza si lo llevas directamente hacia tus metas y objetivos. Te darías cuenta del potencial energético que hay dentro de tu mente provocado por la venganza. Te llevarían a conseguir tus metas y sueños, que cada quien asuma el camino del perdón. Cuando vivimos una injusticia, como te dije anteriormente, reconoce que muchas veces nuestra perspectiva puede estar confusa y si tú fuiste una víctima y te vengas, serás doblemente víctima. Primero de la injusticia y luego el dolor emocional que te deja la venganza. Tú no puedes evitar posiblemente que la ofensa haya lastimado tu corazón, pero sí puedes evitar que la ofensa te dirija a ti y a tu vida.

No estés esperando su derrota. Mira hacia otro lado, sigue tu propósito de caminar y crecer desde tu alma. Cuando has perdonado, has olvidado de pensamiento y no hay nada que te una. Les has quitado el poder que tenían sobre ti, mataste ese dolor y lo transformaste en amor.

Todos y cada uno de nosotros alguna vez nos hemos equivocado, pero es simplemente pedir perdón desde el ama y mientras lo hacemos nos ayuda a crecer. Deja la amargura y bendice tu entorno. El perdón es lo único que tiene la capacidad de romper las cadenas de la injusticia y darte la posibilidad de un futuro libre del pasado y lleno de nuevas posibilidades. El perdón es un acto de voluntad y esta no se mide por la temperatura del corazón, sino por lo grande de tu interior.

El mundo del resentimiento y la ira es un lugar pequeño que cada día se hace más pequeño y tarde o temprano explotará. El dolor te impedirá seguir adelante con tu vida, no perdonar es lo contrario al amor, que es el verdadero camino a tu sabiduría. El compromiso no es dejarlo ir, es dejar ir tu trocito que se quedó con ellos.

Recuerda la frase "Perdono, pero no olvido". Sin duda olvidar es uno de los caminos del perdón, pero también existen situaciones inolvidables. El perdón nos invita a olvidar, pero sobre todo a romper las cadenas del rencor, la tortura. No es provocar un no recuerdo temporal, de hecho perdonar te hace ver tus heridas y recordar tu dolor desde una perspectiva alta del amor que te hace ser más grande y con una experiencia de paz.

El perdón te hará ver tu sufrimiento no como algo digno de olvidar, sino algo de recordar y de presumir porque te permitió ver esa parte de tu identidad y aceptar que esa herida ya no existe.

No esperes más a pedir perdón. Pasó y se fue.

SANA HOY PARA SER FELIZ MAÑANA.

Cuando se me presenta una situación en la que me siento ofendida, molesta o ira, el enfado se pone de manifiesto. En vez de reaccionar impulsivamente dominada por los pensamientos negativos que pasan por mi mente, en ese instante lo que hago es tomarme unos segundos para conectar conmigo misma mediante la respiración, en busca del equilibrio de mi SER. Eso hace que en vez de ir hacia fuera con la reacción vaya hacia mi interior para gestionar una respuesta y es cuando me lleva a mi corazón, me conecta con él y me da tiempo para preguntarme "¿Qué es lo que me quiere mostrar esa persona? ¿Por qué me está pasando esto a mí? ¿Qué enseñanza me quiere mostrar?". Y así, respirando lenta y profundamente, mi mente se va tranquilizando y mis pensamientos van cogiendo una perspectiva y es cuando le doy un nuevo significado y sentido a la situación, mirando desde el amor y no desde el juicio y la culpa.

Cuando perdono es instantáneo. En ese mismo momento, cuando miro a la persona que tengo delante de mí, con los ojos del amor y no del castigo, se ilumina el lado oscuro, te liberas de las malas emociones y sentimientos que oprimían tu corazón. TÚ también vas a llegar a ese momento en que nada te lo tomas a lo personal y puedas tener esa mirada llena de amor y verás cómo se extiende desde tu interior hacia el universo.

Observa por un momento la siguiente imagen.

¿Qué representa para ti?

Déjame contarte. Esta imagen es una escultura realizada por el artista ucraniano Alexander Milov llamada *Love* y fue presentada por primera vez en un festival en Estados Unidos en el año 2015.

Voy a serte sincera. Cuando vi esta imagen me llamó la atención. Es una imagen con la que nos vemos identificados muchas veces por no dar nuestro brazo a torcer.

La obra muestra claramente un conflicto entre dos personas adultas que buscan reconciliarse por medio de su niño interior que quieren acercarse y amar. Pero estas jaulas de alambre con formas de humanas no son más que las máscaras de las personas (el ego, el falso yo) que representan ese lado oscuro que todos tenemos como el miedo, las inseguridades, la desconfianza, el egoísmo, la culpa, el juicio, la vergüenza y todo lo que nos conduce a un separación que alimenta las heridas de las relaciones. Y las figuras internas representan al verdadero ser, la esencia de la persona, el niño inocente y puro que busca la unión y la reconciliación entre la pareja desde el amor, la bondad, la compasión y la compresión, el que pretende conectar desde la sinceridad y la verdad.

Es impresionante el significado que trasmite la escultura. Por más que nuestro "yo adulto" se deje llevar por las apariencias de la realidad, por más creencias de sus padres, familiares o sociedad, el "yo niño" nunca dejará de brillar.

Tenemos que acercarnos a los demás con esa frescura, desde el corazón, y la espontaneidad del niño que llevamos dentro porque allí esta nuestro verdadero ser, el auténtico, y es nuestro corazón de niño.

¿Te identificas con la imagen en algún momento de tu vida? ¡Seguro que sí! A todos en algún momento nos sale ese animalito que tenemos. El ego y por resentimiento, rabia, o por creer que tú tienes razón o porque no crees que tengas que ser tú la que tienes que dar ese paso de acercamiento. Nos vemos involucrados en este conflicto de tu "yo adulto" y tu "yo niño". Ten presente esta foto, cómo sufres por no hacer caso a tu interior. Escúchalo y deja fuera esos resentimientos de tu vida. Acércate a esa persona que tú quieres y no desaproveches lo bonito que es cuando traspasas el paso hacia amor.

Si en tu presente no estás sanada, en tu futuro estarás quebrantada, herida y maltratada.

¿Tiene sentido para ti lo que te estoy diciendo? ¿Estás dispuesta a seguir desde el camino del amor? Yo confío en ti y estoy segura de que lo harás porque ya tienes consciencia suficiente para saber que será entonces cuando vendrán a ti las personas adecuadas, ahora que ya nos conocemos y sabemos escoger el camino que queremos.

Superé muchas pruebas que me puso el destino.

Quiso saber si de verdad ese era el camino que yo elegí caminando por la vida esa ruta hostil.

Te encontré, ibas decaído y cansado de sufrir por amores encontrados, hasta que llegaste a mí.

Eres una persona PODEROSA, tenlo siempre presente, porque se requiere de mucho valor para hacer lo que tú estás haciendo y ser HUMILDE por aceptar que tienes que aprender, hacer y comprender si quieres resultados increíbles.

Recuerda que la FELICIDAD no se traduce en un objetivo, sino en un camino por el que se transita hacia tu trasformación. La componen tus decisiones, tus pensamientos y tus acciones.

¿Quieres ser feliz? AMA.

¿Quieres ser feliz? SUEÑA.

¿Quieres ser feliz? PERDONA.

Y SI AÚN NO ESTÁS PREPARADA, QUÉDATE SOLA.

4.

QUÉDATE SOLA...

La vida te dio lecciones para poder defenderte y ser fuerte para cuando llegue el momento de poner las cosas en orden. No dejes que nadie te quite tu propia personalidad, nadie tiene el poder para poder cambiarte.

Estate en silencio, escucha tu interior, enriquécete por dentro... Yo me sentí igual que tú. Aprende a estar contigo misma, tienes que sanarte de toda relación anterior y empezar a vivir tu propia vida, pero primero de todo tienes que encontrar tu equilibrio y quererte tú. Cuando estás sola puedes prepararte tu comida favorita, después decide salir a ese lugar que te encanta y hace tiempo que no ibas y además siéntete afortunada porque vas con una gran compañía y esa eres TÚ.

Empiezas a estar en ese equilibrio, a encontrarte a ti misma, y si has llegado hasta aquí es que has conseguido sanar esas heridas. Ya estás curada, limpia. Ahora tú decides quién, cuándo y cómo quieres tener la relación que tu deseas. No llevas ninguna herida, esas heridas dolorosas que la persona que tienes a tu lado no las entiende, porque esa persona también viene con sus propias heridas. Sana tú las tuyas.

Se deben sanar las heridas propias de cada persona. No pretendas que la otra persona te vaya ayudar y apoyar. Lo puede hacer un momento determinado, pero no es su función. Esa persona no viene a ti para acogerte a ti con tu dolor.

Quedarse sola hasta... Quédate sola para aprender a amarte a ti misma.

Para poder amar a alguien primero debes aprender a amarte a ti misma.

Tienes que quererte, respetarte y no debes dudar nunca de tomar tus propias decisiones.

Tienes que sentir que eres una persona nueva y hacerte fuerte para que nadie piense que eres propiedad de nadie.

No te obsesiones si no tienes pareja. Muchas personas entran en estado de ansiedad si no tiene pareja. Te llegará si así lo deseas y hacemos lo que en este libro te explico.

No debes tener una relación, ya sea buena o mala, porque pienses que te quedarás soltera, que se te pasa el tiempo, que no se te presentará otra oportunidad o por cualquier otra situación que no sea positiva.

Cuando estés un tiempo sola tienes que sacar lo mejor de ti. Sabrás lo que más te gusta, eso que ya tenías olvidado por estar pendiente de los demás, sin prestarte atención a ti. Te darás cuenta de qué es realmente lo que quieres, volverás a encontrarte, haz todo lo que no has hecho en mucho tiempo.

Vuelve a tu niñez, acuérdate de esa niña interior que tenías olvidada y no le hacías caso. Juega con ella ríe, salta, baila, habla con ella… Dile qué es lo que le gusta, tú ya no te acuerdas. Dáselo, mímala, se siente muy sola.

No tengas prisa para tener una relación, ahora tienes un trabajo que hacer que es alinear tu mente y corazón. No entres en una relación para cubrir esos vacíos que tienes o por estar con alguien para no estar sola. No te autoanalices por si estás en una relación o no. Quita de tu mente tus inseguridades y simplemente disfruta de lo que tenemos, que es tu propia vida.

No tengas prisa, te llegará la persona que te hará sentir que el tiempo no existe entre vosotros, que lo externo no tiene importancia si estáis juntos. La persona que te quiere te hará reír, te motivará, no pondrá excusas tontas porque no le apetece verte, sino que estará deseando que llegue el momento para estar junto a ti. Te lo dará todo.

Espera a esa persona que la vida te pondrá delante sin necesidad de que nadie te diga nada. Sabrás que es la correcta.

Quédate con la persona que sobre todo esté enamorado de tu persona y no de tus logros, la persona que te querrá tanto por tus virtudes como por tus defectos, porque eso es lo que te hace única y eso es lo que le enamoró de ti.

Respetará tus días inciertos y confusos porque es consciente de que todos los tenemos y no todo el tiempo se puede estar feliz. Quédate con alguien que quiera pasar todo su tiempo libre contigo. Siempre encontrará un hueco para ti porque serás una prioridad en su vida.

Quédate con alguien que te eche de menos. Te llamará sin motivo, simplemente querrá escuchar tu voz porque será su deseo. Te inspirará, te hará quererte más y te esforzarás aún más en todo lo que haces. Sentirás que quieres dar un paso más hacia adelante.

Hasta entonces que no te importe quedarte sin pareja y disfruta como nunca.

Ama tu vida, que es tuya, ¡y espera!

5.

PERO NO ESTÁS SOLA

Sentirte sola, sin la compañía o ese apoyo de una persona que te quiera, es una experiencia difícil que posiblemente casi todas en algún momento hemos sentido. Pero la soledad no es sencillamente estar sola. Este es un problema menos, porque muchas personas necesitamos estar solas. Lo que en verdad es muy duro es sentirte vacía, aunque estés rodeada de mucha gente. ¿Te ha pasado alguna vez de sentirte sola y triste aun estando acompañada?

Seguro que en algún momento sí, cuando no tienes posibilidad de estar con la persona que quieres o escuchar su voz. Es cuando entras en esa soledad, una soledad no adquirida ni querida por ti, y crees que es la culpable de sentir ese vacío.

Una de las consultas más comunes que me encuentro es cuando me comentan que aun teniendo una pareja se sienten solas porque no las entienden o no sienten que sean importantes para la persona en cuestión. Es la sensación de que tu mundo solo gira en torno a esa persona, pendiente si te llama o hace un movimiento hacia ti, y eso es lo que menos debemos consentir. Cada uno es independiente y tiene que ser autosuficiente para llenarse de esa riqueza que todos llevamos dentro. Tu vida no puede paralizarse porque no eres el centro de atención, pero sí tienes que ser consciente y ver la realidad. Primero que todo mírate tú, ¿qué estás trasmitiendo? ¿Qué es lo que realmente estás queriendo con tu pareja? ¿Estás teniendo una necesidad? No eches la culpa a nadie de tu soledad, ¡porque no lo estás! Lo que te pasa es que no estás consiguiendo lo que en ese momento estás deseando. Estás siendo víctima de una situación y eso no te beneficia, pero sí tienes un aprendizaje y es el de crecer y hacerte responsable de la situación. Tampoco pretendas tener el control de algo que no está en tu mano, pero si está en la tuya la manera en la que puedes gestionar esas emociones que estás sintiendo de soledad. Tienes el poder de diseñar tu realidad como tú quieras verla. Si estas sintiéndote sola es porque así lo decides.

Coge este momento, haz de él tu momento. Dile a tu mente que no te sabotee y hazte consciente de la situación para poder trabajar en ti, para enfocarte y mejorar y ver cómo el Universo, o como tú quieras llamarlo, qué es lo que te quiere enseñar a través de la emoción que estás sintiendo. No tapes con personas la carencia que puedas tener, el sentirte sola, porque probablemente esa emoción esté relacionada con un miedo que te ocurrió en un momento determinado y lo pasaste mal.

La mente puede hacernos pasar un mal momento. Tú eres quien decide si lo estás o no, voltea esos pensamientos de soledad y siéntete en compañía porque ¡TÚ NO ESTÁS SOLA!

6.

EL DESAPEGO.

Es algo que todos debemos saber. Te mostraré por qué te suceden ciertas cosas que no entiendes. Te enamoras, te ilusionas y pasado tiempo en la relación te das cuenta de que algo no está funcionando como a ti te gustaría. Déjame decirte que a esa situación se le llama "desapego emocional", la incapacidad de sentir emociones positivas.

Eso es lo que me estuvo sucediendo durante algún tiempo en mis relaciones. No conseguía que durara ese enamoramiento, eso creía yo que era. Hoy puedo decir que solo era una ilusión. Cuando pasaba un tiempo y se afianzaba más la relación, más sentía que tenía que marchar de ella. Hoy entiendo que estaba equivocada, muchas cosas que sanar y comprender que tanto el apego como el desapego emocional vienen de nuestro desconocimiento, el no conocernos.

El amor es la única necesidad que tiene el ser humano, amar y ser auténtico. La sexualidad no es amor. El amor te dice "No soy yo quien te ama, eres TÚ y no puedo menos que amarte". Esto surge cuando eres consciente y sabes que tú eres la felicidad. Cuando entiendes esto no tienes que hacer nada, solo eliminar esas ilusiones.

El apego se forma porque te haces ilusiones y quieres conseguir la felicidad fuera. Esto hace que te aferres a las personas que crees que te la pueden dar y tienes miedo a perderla, pero esto no es así. En cuanto te fallan tienes una decepción, una desilusión o angustia. Necesitas la aprobación, el éxito y esto es una adicción de nuestra sociedad y al no tenerlas siempre es cuando entras en conflicto y el sufrimiento es terrible.

Tienes que desengancharte despertando para poder ver tu realidad y darte cuenta de que solo fue una ilusión, pero como cualquier droga tendrás síntomas de abstinencia y te preguntarás "¿Cómo voy a vivir sin lo que era para mí tan especial? ¿Cómo pasar por el proceso de desaprender esas mentiras y arrancar todo lo negativo que llegó a mi vida?". Has llegado a un punto en el que eres incapaz de volver amar porque te hiciste ilusión de algo que no llegaste a ver que se materializara.

Así que si quieres volver a amar, tienes que empezar por ti, abandonar la necesidad de estar con personas y querer tener su aprobación. Solo será necesario su aceptación y ver claramente sin engaños.

Ten compañía de amigos alegres, sin apegos. Escucha música, una buena lectura. Llénate de todo lo que nos ofrece la naturaleza y poco a poco ese corazón que era un desierto se convertirá en un inmenso amor que despierta en ti la melodía suave de tu vida.

Solo el que sabe independizarse de las personas sabrá amarlas como son. Es una independencia emocional sin apegos lo que hará que el amor sea muy fuerte.

La soledad es necesaria para comprender. Solo la luz de la conciencia será capaz de expulsar todas esas ilusiones y pesadillas que estabas viviendo y con ellas expulsar también los rencores, las necesidades y los apegos.

Pero, ¿cómo empezar?

Lo primero, has de empezar a llamar las cosas por su nombre. Deseos a los deseos y necesidad a la necesidad, y no disfrazarlas con otros nombres. El día en el que entres en pleno conocimiento de tu realidad ya no te resistirás a ver las cosas como son; se te irá eliminando.

Puede que aún tengas deseos y apegos, pero ya no te engañarás.

Ejercita los placeres del tacto, vista, oído, gusto y el olfato. Hay un mundo que tienes que recuperar y siempre lo tuviste ahí, pero lo olvidaste. Te darás cuenta de que no hace falta mucho más para ser feliz de lo que eres ahora.

Sentirte libre, segura de ti misma, porque has aceptado el ser que tú eres, pero con todos tus defectos y virtudes. Solo conectarte con la realidad te hace mucho más fuerte y no necesitarás apoyo ni amigos. Ahora podrás decirles a tus amigos "No pongas tu felicidad en mí porque puedo algún día marchar o puedo decepcionarte. Pon tu felicidad en la vida y te darás cuenta de que cuando eres libre es cuando eres capaz de amar, porque amar es una necesidad, pero no del ser querido ni el deseo. El vacío que llevamos dentro hace que tengamos miedo de perder a las personas que amamos, pero ese vacío se llena solo con la realidad y cuando estás en tu realidad no echas de menos a nada ni a nadie. Te verás libre y llena de felicidad".

"El desapego no significa que no puedes tener nada. El desapego quiere decir lo contrario, que nada te debe de poseer a ti".

El desapego está lleno de sufrimiento. La raíz del sufrimiento es el apego a las cosas. La felicidad consiste precisamente en dejar caer el apego a todo cuanto nos rodea.

– Buda Guatana.

7.

SUELTA Y ACEPTA.

No intentes agarrarte a algo que te está quitando vitalidad y fortaleza porque eso es lo que te está ocurriendo y estarás entrando en una resistencia. Todo tiene su tiempo y cuando alguien ha cumplido su función en la vida es cuando se marcha de tu experiencia presente. Es algo que cuesta porque creemos que eso nos aporta valor, que nos aporta felicidad, una felicidad que crees que te falta, pero tú tienes que saber que ya eres totalmente completa. Lo que vino a portarte esa persona ha sido un aprendizaje y que te animo a que lo observes para abrirte a nuevas experiencias que te esperan. Si sigues aferrada al pasado no estarás viviendo en el presente y te estarás perdiendo algo divino que tú tienes. No te estás dando cuenta y se llama VIDA. Tienes que ser consciente de que todos en la vida venimos con una determinada tarea que cumplir. Estas personas pueden permanecer en nuestras vidas durante días, meses, años o incluso para toda una vida. Pueden ser para un aprendizaje, una protección, y muchas otras para saber si has aprendido lo que te han venido a enseñar y es cuando repetimos patrones y atraemos personas con el mismo perfil, pero sigues actuando igual y la vida te castiga dándote mucho más fuerte donde el sufrimiento es cada vez mayor. Cuando su función ha terminado el destino, Dios o universo, como quieras tú llamarlo, estas personas desaparecen de tu vida. Tu cometido contigo ha terminado y es cuando hay una separación, una situación que tienes que cortar o incluso la propia muerte. Significa que su función en la vida ya terminó y su trabajo fue realizado, es momento de soltar.

Pero para poder dejar ir tienes que pensar que lo externo no da la felicidad. Tú eres grande, nunca nada te ha faltado. La vida siempre te dará ese amor puro inmenso que tiene hacia ti, siempre está pendiente de lo que te ocurre y pondrá a esa persona para que estés bien, viene con un cometido. No hay errores en este instante, todo está bien.

Descansa por unos instantes y deja que todo se dé. Abre tu corazón a lo que te viene y deja ir lo que te hace daño. Su función terminó, no sufras más. Mereces tener VIDA plena y piensa por un momento… ¿Cuánto tiempo hace que no te sientes feliz? ¿Hace cuánto no disfrutas de ti misma sin preocupaciones o pensamientos de miedo que fluyen por tu mente? ¿No crees que llegó el momento de parar y soltar?

Deja que todo se vaya y empieza a vivir.

¿Por qué tanta necesidad de tener una pareja?
Me encuentro con personas que no están bien desde hace mucho con sus parejas actuales. Son infelices y no hacen absolutamente nada para cambiar esa situación. Hace unos días tuve una consulta de una persona que lleva años mal con su pareja. Pri-

mero fueron los hijos lo que le impedían dar el paso, despúes un negocio en común. Pensaba que no era el momento, que cuando todo estuviera más estable tendría el valor. Al cabo de unos años se dio cuenta de que ese negocio que ella pensaba que estaba al 50 % cada uno, su parte se la puso a otra persona; una decepción más. Y aún así seguía sin dar el paso. En estos momentos sigue igual, esperando que venga otra persona que le dé el amor que ella no tiene y le haga salir de esta situación. Y mientras la vida va pasando y se pregunta "¿Por qué a mí? ¿Por qué no tengo el valor de hacer lo que realmente sé que quiero?". Y así un sinfín de preguntas, pero lo que hay que saber es que la vida mientras tanto va pasando y estás viviendo una vida infeliz.

La vida te está poniendo situaciones para que reacciones y aún así no lo haces. Tú decides cómo quieres vivirla (justamente, malamente o buenamente). Hay personas a las que les aconsejas cómo deben actuar en determinados casos y aun así te contestan "Esto es lo que quiere el destino para mí. No me va a querer nadie si me separo. Yo estoy cómoda así, aunque no tenga amor". Son personas que están decidiendo vivir mal. Sanó la historia de su vida, sin querer reconocer que hay un nuevo destino para ellos, que la vida es un continuo movimiento y no nos podemos parar. Tenemos que evolucionar.

NO MENDIGUES AMOR.

Lo primero que tienes que darte cuenta es que no te estás amando. Tienes un objetivo y es que la persona que está a tu lado te ame y es que te estás esforzando en algo que tú no eres. Es decir, tu atención está en complacer a la otra persona y no a ti solo por complacerlo.

No tanto a él, pero sí al personaje que estás siendo para poder reforzarlo. Estás fingiendo algo que tú no eres, eso es mendigar amor. Estás comprando tu amor y puede ser de muchas maneras. No quiere decir que tenga que ser solo dinero, que también puede ser. Por ejemplo, prestar total y absoluta atención a él, haciéndole regalo o incluso teniendo sexo con él aun sabiendo que no te está demostrando el amor que tú mereces. Pero sigues ahí y lo sigues complaciendo.

Tienes que empezar por amarte a ti misma, no a la otra persona. Te diré que la vida es un espejo y nosotros nos comportamos con la otra persona igual que como nos comportamos con nosotros mismos. Si nosotros no nos damos amor primero, lo que le estamos dando a la otra persona, aunque en apariencia estés dando amor, en realidad es egoísmo. ¿Por qué te digo esto? Pues porque estamos dando amor con condiciones. Si tú no te amas estarás en continua búsqueda de amor y harás lo imposible para que la persona se fije en ti y no se vaya de tu lado, dándole todo tipo de caprichos para que piense que tú eres la pareja perfecta, que lo tienes todo, y lo que estás haciendo es enfocarte en el exterior y mendigando amor. No quieres que lo que crees que te proporcionará felicidad y amor se vaya porque tienes esa creencia inconsciente de que tú, si no tienes pareja, no eres una persona completa y buscas a alguien para que te complete. Y así pasas el tiempo y lo seguirás haciendo porque esa actitud está basada en nuestro EGO, ese falso YO, y para el ego nunca es suficiente. Tú no te sientes suficiente contigo misma porque no te sientes un ser completo. No importa lo que hagas, jamás será suficiente, siempre querrás más. Es como la rueda de la rata, estás dando vueltas sin llegar a ningún lado porque eres a ti la que te exiges y no debes exigirte por una creencia que se te inculcó cuando eras pequeña, el que a ti te faltaba algo. Buscas constantemente que alguien te haga sentir especial porque tú no te sientes amada. Sientes que hay una distancia entre tú y el amor, ¡no te preocupes! Por esto no te tienes que sentir culpable. La mayoría de las personas no se dan cuenta y piensan que es normal tener que esforzarse hacia la otra persona para poder encontrar la aprobación de los demás.

Es darte cuenta que lo que tú crees que te dará la felicidad no está fuera, porque si no sufrirás, y como antes te comenté, la vida es un espejo y te dará la lección para que aprendas y atraerás a ti perfiles de personas semejantes o circunstancias, para que aceptes de una vez que te estás equivocando.

Solemos caer la mayoría de las veces en el victimismo, donde sale a la luz todo lo que tú has hecho por él y reclamamos que creemos tener el derecho de saber por qué te paga de esta manera. Solo nosotros somos responsables de nuestra propia vida porque así lo decidiste, aun sabiendo que no estabas recibiendo nada o muy poco, pero sí mendigabas amor.

Esto que te estoy contando en este capítulo es algo con lo que me encuentro muy a menudo; personas que lo dan todo y aun así la persona se marcha. Te diré: no des más de lo que te mereces. La vida es un "toma y dale", tú me das y yo te doy, pero no cometas el error de dar todo de ti y aun exigiéndote más a ti.

Tu vida está tan enfocada a tal punto en la otra persona que siempre estás pensando en ella y dejas de pensar en ti. Constantemente la tienes en la cabeza y dejas incluso que ese comportamiento te afecte en otros ámbitos de tu vida.

No te permitas pensar que el esfuerzo que has hecho es lo correcto. La vida es más simple que todo esto. Estamos mentalizados en que todo lo que queramos conseguir es con esfuerzo y eso no es así. Ahí sale nuestro ego y nos dice si es lo que tienes que hacer y cuando consigues lo que deseas quieres más y así constantemente, porque el ego nunca tiene suficiente. Te pondré un ejemplo. Hemos pasado de tener un pisito a querer y conseguir una casa. Cuando la tienes, quieres un buen coche. Lo obtienes y quieres más y más. Por favor, eso es muy cansado. La vida es más simple que todo eso. Llénate de ti y verás que todo lo exterior te sobra, no se necesita y con mucho menos podemos vivir, así que por favor no mendigues amor.

Y no dramatices tu situación vivida, tómatelo como un aprendizaje porque tú ya eres AMOR.

TODO PASA POR UNA RAZÓN.

Todo lo que te pasa es por una razón. Cuando estamos con ese dolor de que todo nos sale mal o tenemos una pérdida de un ser querido, es algo que no llegamos a comprender. Es entonces cuando el universo se comunica contigo por medio de los acontecimientos de la vida y te presenta a las personas justas y necesarias para que el dolor sea lo mínimo posible y sientas el bienestar que deseas. Estas personas están destinadas a estar contigo por cierto tiempo para recordarte toda la fuerza que tienes en ti.

Pero como la vida hace que conozcas a ciertas personas, también cuando han cumplido su función te las quita para que continúes creciendo y evolucionando, pero sobre todo para que puedas encontrarte con gente de tu misma vibración, que te amen y te respeten tal y como te mereces.

Pero si te conformas, el universo, que siempre está pendiente de ti y observa que estás sufriendo, incluso si tú no lo percibes y te sientes insatisfecha con el amor que recibes en ese momento, hará que algo suceda para que te muevas de esa situación. Puedes sentir que es doloroso, pero en realidad es una manera de sentirte feliz. Lo mismo con tu trabajo, relaciones familiares, situaciones económicas…, con todo ello la vida cumple para que tú estés bien. En muchas ocasiones ocurren experiencias que en un momento piensas que son muy dolorosas, pero solo tienes que dejar pasar el tiempo porque la vida es perfecta y todo está bien. Suelta tus preocupaciones y todo se desarrollará perfectamente.

Te contaré una situación que me pasó no hace demasiado tiempo. Hace años me separé de mi pareja y después de algún que otro intento de querer tener a alguien para que me apoyara y no sentirme sola, no llegaban a mí las personas que yo deseaba. Siempre fueron buenas personas que se portaron muy bien conmigo y de hecho los conservo como una amistad, pero como sabemos estuvieron en mi vida por un momento determinado, así que decidí estar sola hasta que se presentara la persona adecuada y estemos preparados los dos.

Hace un año y medio falleció mi padre, un hombre que para mí fue mi referente. Aunque siempre hubo alguna que otra diferencia de opinión, para mí fue mi protector. Me sentía protegida, querida. Sabía que cualquier cosa que me sucediera podría ir hacia él, que siempre me ayudaría.

Cuando tuve esta pérdida tan dolorosa e inesperada se me rompió el alma. Fue algo que no puedo explicar. Si tú que estás leyendo estas líneas has pasado por una situación así, sabrás lo que te digo.

Me sentí morir, hundida, desprotegida y muy perdida. Fue en ese momento cuando pasé por situaciones muy duras en mi vida, como pasar por una separación después de estar veintiocho años unida a una persona, dejando atrás muchas cosas.

En ese mismo instante fue cuando me sentí MUY SOLA.

¿Por qué te cuento esto? Te diré cómo sucedió. Hacía un tiempo que había una persona que quería conocerme, pero yo había tomado una decisión. Era momento de dedicar mi tiempo a mi soledad, a mi trabajo, y enriquecerme a nivel de mis clases y mentores, así que le dije que lo sentía, pero no.

Pero la vida es muy sabia y veía el sufrimiento que estaba teniendo. Puso en mi camino a la persona a la que anteriormente le había dicho que no. Fue una tarde que decidí salir de paseo, caminar un poco y que me diera el aire, y así poder relajarme para poder seguir mi día, ese día que cada vez iba siendo más duro y no encontraba el sentido de por qué seguir hacia adelante.

Fue entonces cuando lo vi paseando, como si el encuentro hubiera sido planeado. Lo recuerdo y no puedo evitar derramar unas lágrimas. Obviamente se notaba que algo me pasaba. Después de saludarnos me preguntó:

—¿Qué te pasa, Loli?

—Ha fallecido mi padre —le contesté, y acto seguido me puse a llorar—. No me encuentro bien. Me siento MUY SOLA. Pienso que el mundo se me derrumbó para mí.

Después de su asombro noté que me miraba con una mirada especial. Me abrazó y me dijo "¡NO ES-TÁS SOLA, YO ESTOY AQUÍ!". En ese momento sentí seguridad, protección, tranquilidad. Fue entonces cuando me di cuenta de que no estaba sola. Era mi ÁNGEL que me puso a esa persona para una determinada función.

Y así fue. Estuvo en todo momento cuidándome, haciéndome sentir que podía salir de esa situación, que no me preocupara, que descansara, y poco a poco fui poniéndome más fuerte, entendiendo esa realidad que no comprendía, el por qué me quitaron a alguien que quería tanto y tanto me daba.

Así que después de un tiempo, habiendo hecho su cometido, entendió y comprendió que yo podía coger otra vez la rienda de mi vida, no sin antes prometerle que me cuidara. Salió de mi vida.

No me cansaré de darle las gracias. Sabes que siempre te estaré eternamente agradecida por todo lo que hiciste, por tus cuidados, por hacerme ver y entender la vida de otro punto de vista.

Que hoy estamos y mañana no, que vivamos el presente. Por tus abrazos cuando los necesité, tus consejos, y dedicarme tu propia vida para hacerme sentir feliz. Gracias, gracias, gracias.

8.

MI CARTA DE DESEOS.

¿Quién no ha escrito una carta poniendo cómo le gustaría que fuera su pareja? Yo creo que la mayoría, esa inocente carta que refleja lo que deseamos desde nuestro adentro, sin prejuicios, sin pasado y hecha con muchísimo amor, algo que sientes de verdad. Hoy te das cuenta de que es tu niña interior que lo que más desea es amar y sentirse amada.

"Querido destino, aunque sé que estás muy ocupado para que todo me vaya bien, hoy quiero pedirte lo que más deseo en este momento. MI AMOR, esa persona que está en mi imaginación y que sin verla sé que está cerca y la idealizo cómo quiero que sea. El físico es importante a primera vista, pero eso no es lo que más deseo. Veo su interior, su alma, un alma limpia, sin prejuicios, sin recuerdos de un pasado. Siento su mirada, esa mirada de enamorado, que sus ojos y los míos se cruzan sin necesidad de decirnos nada. Nos lo decimos todo. Mi enamorado, esa persona con sus silencios que dicen más que sus palabras. Sus hechos así lo justifican. Me cuida, me quiere, me mima, me inspira a crecer y superarme cada día, que tengo la necesidad de verlo, deseando que llegue hacia mí.

Ven, te estoy esperando. Ha llegado el momento, no lo retrases más. Tu vida y la mía se juntan para caminar de la mano por este sendero llamado vida".

9.

TE LLEGARÁ EN SU DEBIDO MOMENTO.

Observa los momentos de tu vida e incluso esos que no fueron tan buenos. Podrás darte cuenta de que todo llegó en su debido momento. La vida quiere hacernos fuertes y que recordemos ese amor completo que eres y siempre has sido. ¿Cuántas veces hemos querido conseguir algo o alguien y nunca llegó? Por más que lo intentaste y sacrificio que pusiste no se logró, pero cuando decides parar esa búsqueda y te relajas es cuando todo se alinea otra vez como siempre ha debido de ser. Te das cuenta de que todo vuelva a su lugar.

¿Sabes por qué sucede esto? Porque la vida sabe cómo, cuándo y dónde ponernos todo aquello que necesitamos para poder evolucionar, así que para, deja que esa lucha termine. Permite que la vida te de lo que deseas y una vez que lo hagas observarás la perfección misma desplegar su poder. Solo tendrás que encargarte de mantener la calma, la paz y estar en el momento presente. Acepta todo lo que te llegue como tu mayor regalo para conocerte y amarte. Lo demás por sí solo vendrá a su debido tiempo.

El universo te pondrá en cualquier situación que puedas tener en algún momento si lo cree necesario. Notarás cómo tú misma te estarás moviendo en la dirección correcta. El mayor obstáculo que puedes encontrar es pensar que debes controlar tus fuerzas para poder utilizarlas y eso hará que tengas un desgaste y cansarte, y ese no es el estado natural de tu SER. Tú viniste a este mundo para conseguir tu propósito, divertirte, relajarte y dejarte fluir para conseguir ser MUJER PODEROSA.

Cuando te abras a esto notarás que hay un sinfín de sincronicidades y estas forman parte de ti. Algo que antes no veías ahora se ponen delante de ti y te das cuenta de siempre estuvieron ahí, porque estás alineada con el destino y todo esto surgirá de forma natural. Has dejado a tu EGO a un lado, a ese personaje que te mantenía sufriendo y llorando pensando que con tu esfuerzo lo conseguirías. Empezarás a notar que el amor que tanto cuida de ti siempre estuvo a tu favor.

Siempre estuvo trabajando contigo y para ti, para que pudieras experimentar tu mayor bienestar. Ese es el verdadero objetivo de tu paso por esta vida, disfrutar plenamente de los acontecimientos. Haz lo que tu corazón te diga, escúchalo. Tienes esa vocecilla llamada intuición que te susurra al oído. La vida está siempre ahí para guiarte e incluso si no estás en el camino correcto.

Tu vida ya no será sacrificio porque sabrás que estás protegida. Permítete descansar en tu SER. Eres perfecta, solo que no lo creías, pero eso se puede derrumbar solo con soltar el control. Agárrate fuerte, no tengas miedo.

EL AMOR está esperándote, deja de intentar sobrevivir y vive. Todo está listo para presentarse, simplemente disfruta de tu camino. Ábrete a ver la verdad, suelta lo que crees que eres solo por impresionar. Deja de sentirte necesitada, reconoce que ya eres completa. La vida te hizo toda entera, a ti no te falta nada. Puedes conseguir todo porque todo te es dado. Recuerda: todo se presentará **en el momento correcto y en el tiempo perfecto**.

¡INTERESANTE!

Y AHORA TE PREGUNTARÁS: ¿Y LA PAREJA?

Pasa la página, nos vemos dentro.

10.

¿POR QUÉ NO TENGO PAREJA?

Esa es una de las muchas preguntas que me suelen hacer a través de mis consultas; personas que sufren de desamor a pesar de desearlo intensamente. Seguidamente te detallaré las siguientes razones por las que probablemente no la tienes.

Probablemente estás atrayendo a las personas equivocadas. No todos los hombres o todas las mujeres son iguales. TÚ los atraes y te interesan iguales. Te dirás "¿Cómo es posible que yo lo que quiera es un hombre fiel y atraiga en mi vida hombres infieles?". Uno de los principios de la espiritualidad es "Como es adentro es afuera", así que si estás atrayendo siempre personas infieles es porque hay una lección para ti que debes aprender, como puede ser que tengas que poner los límites y aprender a elegir mejor a las personas que atraes. Hay que reemplazar la creencia limitante de creer que el amor no existe tanto si lo crees como si no. **Si lo crees, lo creas**, y tienes toda la razón, frase de Henry Ford. Si crees que puedes, tanto como si crees que no puedes, estás en lo cierto porque es exactamente lo que tú estás creyendo. Es lo que va a ocurrir y lo verás materializado en tu vida.

Te detallo un ejemplo de una persona que me comentaba, "Solo encuentro personas que quieren divertirse y pasar un buen rato, no quieren una relación de pareja, ¿Por qué sí yo lo deseo?". Cuando empezamos a revisar dónde están conociendo a ese tipo de hombres y con quién se están relacionando, nos damos cuenta de que a los hombres que ha estado atrayendo en estos años de su vida los conoce en discotecas o sitios de alterne. Es decir, no puedes pretender encontrar una persona comprometida solamente donde usualmente las personas van a pasar el rato o a pasárselo bien. Y si le sumas su forma de vestir para estos lugares y la manera de comportarse, atrae y llama la atención solo de aquellos hombres que quieren pasar el rato. Inconscientemente su comportamiento, su lenguaje no verbal, su forma de expresarse y la forma en la que viste en los lugares que frecuenta es lo único que va atraer.

El que siempre se atraigan a este tipo de personas también puede estar derivado de que en el fondo no se desean tanto como muchas veces nos creemos, porque posiblemente se tenga un gran miedo al compromiso y eso puede ser una de las causas que hay que trabajar. Así que si no estás consiguiendo pareja tienes que ver por dónde te mueves o conoces a las personas. Si te sucede como a la persona que te comenté, el conocer personas que llegan a estos sitios de discotecas, donde van a pasar un rato de distracción, eso es lo que encontrarás, pasar un rato.

¿Estás huyendo para que no te hagan daño? Es muy posible que sí. Es como si estuvieras en un conflicto interno Por un lado, deseas tener una relación de pareja estable con quien poder crecer, aprender y compartir, pero al mismo tiempo tienes mucho miedo de entregar tu corazón, que no te valoren y terminen haciéndote daño. Posiblemente hayas sufrido anteriormente de traiciones amorosas, penas de amor o simplemente porque en tu entorno tuviste relaciones que no han terminado bien, o vienes de un hogar donde tus padres desgraciadamente no tuvieron una relación ejemplar como pareja. Viste cómo tu madre sufría y lloraba o que tu padre le era infiel y la maltrataba. Eso se te quedó en tu patrón y es lo que te hace creer que quien más ama es quien más pierde, que aunque una parte tuya desea tener una persona con quien puedas construir una relación sólida, en el fondo de tu inconsciente hay un miedo muy latente que te dice "Aléjate". Si te identificas con que estás huyendo para que no te hagan daño, encontrarás todos los argumentos y motivos para alejar a esa persona de tu lado. Puede ser que sea la pareja perfecta, la que siempre deseaste, cariñoso, fiel, que te quiera, te trate bien…, pero algo le encontrarás que no estás conforme, que sea bajito o muy alto, que no gane suficiente y así cualquier motivo para justificarte, para poder alejarlo de ti. Reflexiona: ¿tienes miedo o huyes?

¿Confías en ti? Es fundamental que confíes en ti. Cuando no confías evitas por todos los medios estar en reuniones, actos sociales, quedadas con familiares o amigos…, y muchos menos quedar para que te presenten a alguien. Buscas excusas para no exponerte porque piensas que no tienes nada que aportar ni que decir. No sueles aceptar los cumplidos. Si alguien, por ejemplo, te dice que tienes buen cuerpo, que se nota que te cuidas, en lugar de sentirte alagada lo que haces es rechazarlo y restarle importancia, cuando tú sabes que te levantas cada día temprano para asistir a tu gimnasio y moldear tu cuerpo. Una persona que confía y tiene seguridad en ella misma hubiera tenido la siguiente respuesta "Sí, me cuido porque me importa mi cuerpo y mi salud". Revisa si hay una falta de confianza en ti, si en tu autoestima tienes algo que trabajar, bien sea porque no te sientes bien con tu cuerpo, tu economía o no tengas tu nivel de conocimientos deseados.

Siempre fui una persona con muchos complejos e inseguridades. Era la típica niña que siempre le decían a mi madre "Qué guapa y qué bien se te cría. Se nota que come bien". ¿Puedes imaginar a una niña que escuchaba esas palabras continuamente? Sabemos el poder que tienen las palabras, además a muy temprana edad. Las tenía instaladas en mi subconsciente y guardaditas estaban, pero era algo que no me hacía tener esa seguridad en mí, por lo tanto llegada a la juventud estaba con un poquito de sobrepeso y esa fue una de las cosas que me hizo no confiar en mí. Impedía que me sintiera con esa seguridad para mostrarme, algo que tuve que trabajar posteriormente.

¿Sientes que eres una persona lo suficientemente interesante como para atraer una persona a tu vida? Siempre vas atraer lo que tú eres, así que si quieres atraer a una persona que cuide su cuerpo, que sea inteligente, divertida, cariñosa... Pregúntate: ¿estás cuidando tu cuerpo? ¿Eres cariñosa contigo misma? ¿Estás invirtiendo en tu conocimiento? ¿Te diviertes y disfrutas de tu soledad? Solo podrás materializar la relación que esté en proporción con la forma en que tú te relacionas contigo misma.

No estás preparada para tener una relación. Esto sucede la mayoría de las veces cuando sientes culpa de situaciones y vivencias pasadas. Te dejó tu ex, te culpas por lo que ocurrió, tu autoestima bajó y sientes inconscientemente que este no es el momento de crear una relación, aunque en el fondo lo estés deseando. Tienes que tener mucho cuidado: el arrepentimiento y la culpa son los sentimientos que te causan dolor y te están perjudicando. Si miras atrás y ves que hubieras actuado de forma diferente, significa que en ti ya se interiorizó un aprendizaje, es decir, que ya no eres la misma y eso solo pudo ocurrir gracias a que viviste esa experiencia. No te culpes de lo vivido, que no te importe lo dolorosas que fueran tus relaciones pasadas. Este es el momento de darte la oportunidad de construir una nueva historia. El pasado ya pasó, no lo puedes cambiar, pero siempre en tu presente podrás tener la posibilidad de crear y materializar la relación que tú deseas, pero para esto es necesario que elimines todo aquello que te ata. Elimina culpas del pasado y estate abierta a crear una nueva relación.

LAS RELACIONES DE PAREJA SE DEFINEN EN LA INFANCIA.

Las experiencias que son vividas durante la infancia crean patrones de conductas que afectan a la vida con respecto a las relaciones de pareja y pueden producir problemas de confusión en las relaciones. Un niño que no resolvió sus frustraciones durante su infancia desarrolla una sensación de inseguridad la cual aumenta conforme crece y sigue experimentando las mismas dificultades en la vida como las que enfrentó cuando era pequeño.

No tienes problemas de pareja, tienes problemas de la infancia sin resolver que se disfrazan de problemas de pareja.

Párate por un momento a mirar y revisar tu pasado. ¿Qué cuestión es lo que te hizo daño y no perdonaste? Empieza por el principio, encuentra el motivo, revívelo como si estuvieras en ese mismo presente y reinviértelo en positivo. Agradece lo que pasó porque ahora ya sabes qué es lo que tienes que sanar. Te está mostrando el camino, tienes un gran aprendizaje de tu propia experiencia.

Y ahora vamos a por las relaciones y como en casi en todo hay unas reglas.

11.

LA REGLA DE LAS RELACIONES.

Estamos en un mundo de dualidades como es arriba es abajo, caliente y frío, dentro y fuera, abajo y arriba, derecha e izquierda... Te pongo unos ejemplos de miles de polos opuestos que tenemos. No es posible que exista un polo si no tenemos el otro.

Por lo tanto, al igual que existen leyes "externas" también hay "internas". Entre las primeras tenemos que saber cómo manejamos el tema de una relación y lo que podemos aportar para que esta funcione. Una admiración hacia la persona, la conducta que podemos tener hacia ellas... Estas son esenciales para el comienzo de una relación, pero el funcionamiento interno es lo más importante y es lo que hay que trabajar para el buen resultado de la relación.

Tienes que ser la persona adecuada para cuando llegue el momento. Pregúntate: ¿quién eres tú? ¿Cómo son tus pensamientos sobre las relaciones? ¿Cómo te sientes con respecto a tu imagen? ¿Cómo son tus relaciones con los demás? ¿Sueles confiar en las personas? ¿Cuál es tu reacción cuando sientes que no estás con la persona correcta? ¿Estás preparada para tener una relación? Tu carácter y tus creencias son importantes y es lo que determinará en conseguir tu objetivo.

Cuando tú cambias tu energía cambia el resultado y verás el resultado de atraer personas de forma natural. Ahí será cuando tendrás opciones de ser tú y podrás decidir.

Será entonces cuando…

"Tus posibilidades crecerán al nivel que crezcas tú".

¿Has oído hablar de personas que están en una relación y se sienten eternamente solas? ¿Conoces personas que pasan de una relación a otra y no terminan de estar estables con ninguna? ¿Personas que empiezan con mucha ilusión pensando que han encontrado a su media naranja y al cabo de un tiempo se desilusionan? Piensas que tienen mala suerte y no es lo correcto. Eso es porque en la mayoría de las personas su capacidad interna y sus pensamientos no están preparados para tener una relación y para afrontar todo lo que eso conlleva.

Conozco una pareja que aun sabiendo que con su pareja no son felices, porque con el paso del tiempo uno evoluciona más que el otro y no tienen nada en común, pasan de una relación a otra y siempre es igual. Terminan decidiendo quedarse como están, aun sabiendo que no son felices.

Sin saber que el poder de cambiar la situación que están viviendo la tienen ellos. La mayoría de las personas hacemos las cosas de una manera inconsciente y solo ven lo superficial y lo visible, no profundizan en el interior que es ahí donde está el SER de la persona.

Cambia la simiente de tu raíz y verás los frutos.

Imagínate un árbol. Ese árbol está dando unos frutos que son manzanas, el que resultado porque sembraste un manzano. Pero resulta que a ti no te gustan las manzanas verdes que te da y las quieres rojas. Tienes dos opciones: pintas de color rojo los frutos que son las manzanas verdes, pero al comértelas te das cuenta de que es una trampa porque el sabor que tienen es de manzanas verdes. Otra opción: cambiar las raíces del árbol que son nuestro interior y así los resultados serán manzanas rojas.

Te lo explicaré mejor para que lo entiendas. Las raíces, que es lo que está en la tierra y es lo que no se ve, crea aquello que queremos conseguir. Eso significa que, si quieres cambiar los frutos, tienes que cambiar las raíces. Si quieres cambiar lo visible tendrás que trasformar lo no visible.

Hay personas que dicen "Si no lo veo, no lo creo". Si te fijas te darás cuenta de que hay muchas cosas en nuestra vida que tenemos y no lo vemos. Te podría decir, por ejemplo, la luz y el gas; materias que no vemos, pero están ahí y son esenciales y muy importantes para nosotros.

Puedes que estés de acuerdo o no con estos principios de la naturaleza, pero no puedes ir en contra de la naturaleza. Eso es un factor importante para no tener contratiempos. Lo no visible crea lo visible. Hay que trabajar nuestras raíces (interior) y estar alineados con la vida. Es aquí cuando todo fluirá hacia nosotros. Cuando no lo hacemos, todo se nos complica y es cuando solemos decir "Qué mala suerte tengo".

Causa y efecto. Las relaciones son un resultado, la economía es un resultado, la enfermedad es un resultado, tu peso es un resultado. Esto es causa y efecto. ¿Conoces a alguien que te haya dicho que tiene un problema en la relación? Pues eso nunca es un problema, es lo que está sucediendo en su raíz (interior). Si no tienes pareja es un síntoma de que tienes que cambiar tus pensamientos, tus creencias, trasformar tu interior y verás los resultados en tu exterior. Si los resultados que estás teniendo en tu vida exterior no te gustan es porque tampoco está bien en tu vida interior.

"Cuando llegue a tu vida una persona que intente que la relación sea duradera será el que se quede. Si tiene acciones hacia ti le mostrarás tu amor y será quien debes cuidar y amar.

Aunque sabemos que nada es para siempre,

lo que se cuida siempre **DURARÁ UN POCO MÁS".**

Estoy orgullosa de ti por haber llegado hasta aquí.

RELACIONES SANAS.

"¿Qué es una relación de pareja sana?", te preguntarás. Cuando pensamos en una relación de pareja "sana" puede dar la falsa impresión de que existen relaciones perfectas y eso es algo que se aleja de la realidad. Toda relación tiene sus defectos o debilidades, sus luces o sombras, y es por una sencilla razón. No somos perfectos. Lo importante no es que una relación de pareja tenga debilidades o no. Lo que define una relación sana es que se interese en trabajar y atender las posibles debilidades y dificultades que puedan surgir.

Podríamos definir una relación de pareja sana de la siguiente manera: una relación de pareja es sana cuando existe el esfuerzo por ambas partes de impedir que exista maltrato físico o emocional, faltas de respeto, comportamientos abusivos, humillantes, etc.

Siento amor, pero…, ¿lo es realmente? Cuando entras en una relación de forma inocente, nos dejamos llevar por los buenos sentimientos que te llevan a decir "estoy enamorado/a". Sin embargo, es conveniente mantener presente que las relaciones no son fáciles de construir ni de sostener y hay que estar atentos y cuidar que no se pasen por alto aspectos importantes de la relación. Una postura crítica constructiva es algo que aumenta las posibilidades de obtener una relación de pareja saludable. Pregúntate: ¿estás en una relación saludable?

En todas las relaciones es necesaria una buena dosis de tener una vida saludable, pero aun así no existen relaciones perfectas. Las relaciones de noviazgo, pareja o matrimonio tienen un potencial y es enriquecer nuestras vidas y hacer sentirnos plenamente felices. Sin embargo, las mismas relaciones pueden causar malestar e incluso pueden causar mucho daño. Te diré más acerca de cómo aprender, cómo protegerte y no construir una relación tóxica.

Es importante no tener una visión idealizada de la relación y ser consciente de que hay varias fases de enamoramiento. No pretendas que todo sea de color de rosa. Existirán momentos buenos y no tan buenos porque si no te estarías negando a dar el siguiente paso.

Tienes que tener presente que la relación de pareja, tal y como se dio al inicio, va a experimentar modificaciones. El momento de ilusión y desenfreno que viviste en el comienzo se convertirá en algo más estable, más profundo y es importante que sientas la pasión.

Cuando estás en una relación sana es importante no descuidar esos pequeños desacuerdos que pueden ir surgiendo en el día a día de la relación, no dejar mucho tiempo en poder explicar cada uno lo que piensa en. ese momento. Muchas veces cometemos el error de pensar que las relaciones se construyen solas, apartando hacia un lado las dificultades y esperando que se resuelvan solas sin molestarse en crear un futuro.

La realidad es que una buena relación, una relación de pareja sana, como cualquier otra cosa en que quieras tener éxito, requiere trabajo y ser atendida y estar presente regularmente.

Pasar tiempo juntos es fundamental en toda relación de pareja sana. Es un deseo de estar juntos y compartir tiempo, sentirte bien y dar ilusión. Es decir, si la pareja no intenta buscar tiempo para compartir juntos no es buen síntoma. La pareja está unida por lo bien que se hacen sentir el uno al otro. Por esta razón encontraremos ese hueco para estar el mayor tiempo posible juntos.

Sabemos que existen obligaciones como trabajo, dificultades del día a día que atender, etc., pero por esta razón es necesario que cada uno ponga de su parte. Es decir, esforzarse para poder compartir ese tiempo juntos y que esos esfuerzos sean visibles por parte de ambos.

Hay que aprender a convivir con las diferencias. Si bien las cosas que tienes en común con tu pareja son esenciales, las diferencias son lo que harán única la relación. A pesar de que las diferencias muchas veces son fuente de disgustos o discusiones, el beneficio y la fortaleza para la relación que se obtiene de aprender a conocer los puntos de vista del otro es realmente inmenso. Es lo que hace sentir a cada uno que realmente es escuchado, que realmente mi pareja está conmigo por quien soy y tú por él por quien es. Por esta razón es muy importante que te detengas y conozcas estas diferencias con tu pareja y no le tengas miedo al riesgo de las discusiones (hay que tener la confianza de que la relación con amor lo puede todo).

No intentes cambiar a tu pareja. Ese es uno de los errores principales de las parejas. Todos venimos con aprendizajes adquiridos, pero tanto tú como él. Es importante admitir cómo somos cada cual y eso hará bien a la relación. Lo malo es cuando nos empeñamos en que cambie o haga algo para que las cosas puedan seguir bien. De hecho, muchas veces esto es consecuencia de un mal manejo de los propios problemas personales no resueltos. Por ejemplo, hay probabilidad de que una persona que necesita que su pareja sea más cariñosa con ella haya vivido en su pasado o infancia alguna experiencia de carencia de afecto. En la medida en que no resuelva estos problemas del pasado van a interferir en los problemas que tenga en el presente en sus relaciones. Y si bien puede ser algo bueno que su novio sea más cariñoso, no debería ser una condición para estar bien. Por lo tanto, no esperar que tu pareja cambie es una característica de una relación de pareja saludable.

En el volumen anterior de *El cristal donde te miras* se explica detalladamente cómo poder solucionar este tipo de carencias y por qué son adquiridas.

Hay que aceptar que habrá situaciones donde no llegaréis a tener un acuerdo. En toda relación llegarán desacuerdos en aspectos importantes; el triunfo será no negarlo, ni pretender pasar del tema como ignorarlo, sino mantener la relación a flote. Ahí será donde se enfrenten a una realidad: que tu pareja pueda ver y pensar de manera distinta a ti. No estar de acuerdo con respecto a un asunto puede crearte ansiedad o algún que otro malestar, pero también puede ser la oportunidad para ver ambos las cosas de diferente manera, lo cual os llevará muchas de las veces a tener un crecimiento personal.

Los desacuerdos son un esfuerzo de cada uno donde se ve la capacidad de poder ceder un poquito cada uno y así conocer un poco más profundo a tu pareja. Por lo tanto, esto ayuda a construir una relación sana en la pareja.

Otro de los puntos para tener en cuenta es **tener un lenguaje adecuado**. La falta de comunicación es el primer indicador para saber que la relación no va por buen camino. No dejemos que la incomunicación sea un impedimento para poder aclarar diferencias. No esperes que sea la otra persona la que tenga que dar el primer paso. Si tú eres la que estás molesta no dejes que te salga ese bichito que todos tenemos en cierta medida y que es el EGO.

Comunícate desde el sentimiento del amor. Deja que la otra persona te dé su opinión y préstale atención. No le interrumpas, se sentirá que no le prestas atención. Cuando termine dale tu opinión, nos ayudará a no tomar decisiones drásticas o precipitadas.

Tener confianza es primordial en una relación sana. Sin confianza una relación no puede sostenerse en el tiempo y si te sostiene probablemente sea una relación conflictiva. **La confianza** en la relación es lo que hace estar unidos, por mucha distancia que podáis tener en el tiempo por un momento determinado. Muchas veces me encuentro con personas que me comentan que están conviviendo con su pareja y sienten ese vacío entre los dos, una lejanía importante, y eso es basada en que ya se perdió el amor. Sin embargo, hay parejas que se sienten unidas aun estando lejos y eso será una muestra de confianza y amor entre los dos.

Sin confianza es imposible que exista una relación sana. Respetar a tu pareja es necesario para generar un buen ambiente en la relación y, por consiguiente, que seas tratada con respeto y aumente la confianza entre los dos, así como el deseo de estar juntos.

El respeto es parte esencial del amor. Podríamos decir que sin respeto no hay amor. El respeto tiene que ver con la capacidad de cada uno de tratar a su pareja como te gustaría que te respetaran a ti. Es decir, no sentir ni pretender que estás ni por encima ni por debajo del otro. El respeto es lo que se necesita para que la relación pueda crecer con seguridad y confianza, es lo que te dará tener una admiración e interés por tu pareja. Hará que te permitas ir juntos de la mano y no uno detrás del otro, sino emprender ese camino de conocerse juntos.

¿Crees que estás preparada para abrirte al amor? Te espero en el siguiente capítulo.

12.

ABRE LAS PUERTAS AL AMOR.

Suelta y permite que lo nuevo que tiene que llegar te encuentre. Olvida tus problemas, tus historias pasadas y concéntrate en ti.

Tienes que abrirte y dejar marchar todo aquello que te hizo daño y para ello no hace falta que tomes acción, solo tienes que hacerlo desde tu corazón. Cuando dejas que lo viejo se vaya y aceptas lo nuevo entras en un camino mágico con nuevas expectativas y solo tienes que dejarte sorprender por la vida. Escucha lo que el AMOR tiene que decirte, el universo se encarga de todo, ¡ya no tengas miedo! ¡Inténtalo! Mereces ser feliz y deja de creer lo contrario. La vida es tu compañera en este camino. Quien tenga que llegar a tu vida llegará y lo que tenga que suceder sucederá. Solo suelta lo viejo y descansa de tus pensamientos. **Ábrete al amor**. ¿Cuántas veces hemos pensado "¿Y si vuelvo con mi ex?". Nos da miedo lo nuevo, lo desconocido, por si nos hacen daño. No queremos sufrir y nos aferramos a lo que ya conocemos aun sabiendo que la relación que tuviste en tu pasado no era lo que tú deseabas. Pocas cosas en común, distintos gustos, aficiones opuestas, diferente manera de ver la vida..., y aun así lo hubieras aceptado sin darte cuenta de que ibas a sufrir igual o más.

Tú quieres una relación sana y feliz. Descubre lo nuevo, da ese paso más y nacerá en ti algo que ya tenías olvidado como la ilusión, la felicidad y ese cariño desinteresado que tienes tantas ganas de dar.

¿Cómo pasé de la depresión a lo que siempre quise? Todos en algún momento de nuestra vida hemos pasado por momentos que consideramos difíciles donde la depresión y el sufrimiento se vuelven nuestros amigos y compañeros de viaje. Pensamos que no vamos a salir de ese estado y es cuando vivimos una vida infeliz sin conseguir lo que realmente queremos. Muchos lo pasamos muy mal y yo estoy en este grupo porque yo también pasé por eso y sé cómo se siente. Se pasa muy mal. Pensamos que no vamos a salir de esa situación y que no nos podía ir peor. Pierdes el sentido de la vida, te planteas si lo que estás haciendo es lo correcto. Es una confusión total, días grises en los que no te apetece levantarte de la cama,. Fue entonces cuando la vida me sacudió. Empecé a no encontrarme bien, vinieron a mí esos mareos que me impedían levantarme, me invadía el miedo y no quería sentirme sola, pero me preguntaba "¿Por qué me pasa esto?". Esa desilusión por la vida, todos los días eran iguales, y me castigaba diciendo que no tenía derecho de pensar así porque tenía trabajo, mi casa, mis hijos, mi pareja... Todo me iba bien y, sin embargo, yo no me sentía feliz. Me sentía prisionera en algo que no me dejaba evolucionar. Pensaba que me estaba perdiendo vivir la vida. Recuerdo esa etapa muy difícil porque no encontraba el camino a la solución. Pero como te comenté anteriormente, puso el destino una persona en mi vida. Volví a ilusionarme, a darme cuenta de que la vida era mucho más de lo que yo estaba viviendo, y después de un tiempo fue cuando tomé la decisión de dejar todo y empezar de cero. No te digo que fue fácil porque te mentiría. Fue muy duro tomar esa decisión, aun hoy después de varios años tengo el recuerdo de cómo fue y puedo decirte que fue muy doloroso.

Pero la vida es generosa y quiere que todo te vaya bien, te abre sus puertas al AMOR, ese amor que llevas dentro. Empecé a caminar y conseguir lo que siempre quise conseguir, VIVIR, ver algo más allá que lo que el destino nos tiene preparado. Venimos a esta vida a poder descubrir lo que tenemos a nuestro alrededor, que todo es maravilloso y perfecto. Solo puedo decirte: escucha tu cuerpo. Te está hablando y si no le haces caso se manifiesta con algún tipo de dolor, ese dolor de las emociones del alma que son las que más daño hacen. Escucha tu cuerpo y consigue lo que deseas.

Confía, todo irá bien. Ha llegado el momento de confiar y fluir, entregarse al proceso de soltar las resistencias, aceptar lo que es y aprender las lecciones que la vida nos enseñó, pero siempre desde la seguridad de que se vive solo aquello que nos corresponde vivir, se recibe lo que se necesita en ese momento y se pierde aquello que detiene nuestra evolución, porque perder es otra forma de ganar y abrirse al mundo.

Confiar es creer en el orden dentro del caos y la perfección de lo imperfecto. Te comenté que no es tarea fácil y seguramente tendrás tus propias razones para que se te haga cuesta arriba en la vida.

El miedo a lo desconocido es lo que a las mayorías de las personas nos frena para tomar decisiones, pero no puedes pretender tener todo bajo control.

Si ya has vivido lo suficiente sabrás que el control es un ilusión, no hay un plan específico que el destino no pueda cambiarte, incluso cuando crees que lo tienes todo bajo control no lo está y la vida te demostrará de mil maneras diferentes que puede hacerlo. Crees que porque esté siendo todo como tú deseas está todo controlado y te aferras a algo que no encaja en su lugar. No puedes ir en contra de las agujas del reloj. Tienes que confiar y donde veas obstáculos y piedras en el camino, coge cada uno de esos ladrillos y empieza a construir tu propio castillo. Visualízate proyectando tu nueva vida, supera las dificultades, pero desarrolla la sensibilidad necesaria para escuchar lo que te dice la vida y las batallas que tendrás que librar.

La base de tu futuro es la confianza, confiar en la vida no tiene que ser nada que te preocupe. Empieza dando primeros pasos, permitiendo que la vida te cambie el rumbo y déjate sorprender. Dale la oportunidad de que te conduzca en una dirección distinta a la que pensabas y verás cómo vives experiencias enriquecedoras. **Cuando confías en la vida, la vida confiará en ti.**

Si no tienes confianza siempre encontrarás una forma de no ganar.

Ahora que ya estás abierta a tu nuevo camino, déjame decirte… ¡Cuidado!

13.

TEN CUIDADO: A TU PAREJA NO LE INTERESAS.

Estás abierta a conocer a una persona, pero en este capítulo tengo que decirte algo. Muchas veces nos encontramos con personas que son muy aduladoras, con esa labia que te envuelve y crees que te lo dice porque le gustas y eso nos pasa porque la mayoría de nosotras somos auditivas y nos gusta. Los hombres son más visuales y nosotras más auditivas. Aquí me gustaría que te preguntaras: ¿voy a creer más lo que oigo o lo que veo? Afortunadamente el interés se nota, pero el desinterés también, así que presta atención a lo que voy a contarte.

La primera señal para saber si hay desinterés es que no te llama ni te escribe. ¿Recuerdas aquella persona que más te interesaba tener cerca? Tú hacías todo lo posible para poder contactarla, sea por mensaje WhatsApp o llamada. Tenías el teléfono cerca por si en algún momento tenías esa llamada y poder contestar de inmediato. Si la persona tuviera interés te llamaría, si no lo está haciendo, argumentándote que bien no tiene tiempo o cualquier otra cosa y esa actitud se repite, entonces no te engañes. No le interesas y no intentes justificarlo ahora. No tiene interés para llamarte, para saber de ti, porque alguien que no tiene interés hace el mínimo esfuerzo para saludarte y si no lo está haciendo es que no entras en el espacio de su día para ti.

Segundo, no hace un hueco en su vida para poder estar contigo. Todos tenemos prioridades en la vida y si tú no estás en las prioridades de esta persona, es que no le interesas. Te está poniendo en el último lugar y no te está tomando en cuenta para algo más serio. No le gustas tanto y en cuyo caso tendrás que tomar una decisión si quieres seguir invirtiendo tu tiempo o si prefieres, antes de estar más involucrada sentimentalmente con esa persona, retirarte y dejar de hacerte ilusiones y fantasías que se quedan en el aire y que solo tú las tienes, porque la realidad es que lo que tú estás pensando no es lo que está ocurriendo en la realidad, porque no es lo que te está demostrando.

Tercero, no entres en una relación si no estás al 100 % convencida de que puede llegar a darse una relación. No cometas el error de algunas personas de entrar en una relación simplemente por tener una vida en pareja o de formar una familia, hijos. Te invito a que observes bien las acciones porque si te está dando largas en la relación ya no puede estirarse más y esa relación se rompe, porque no se puede sostener algo así. También te puede pasar que, por otro lado, no estás en sus prioridades y te está dando largas, pero tú eres complaciente y aguantas porque tienes esa necesidad de tener una pareja o porque la otra persona no sabe estar solo o porque no te puede decir que no. Puede incluso llegar a formalizarse la relación y yo te preguntaría: ¿te interesa estar con alguien con la que no estás al 100 % comprometida ni enamorada? Tú te mereces lo mejor, no puedes ni debes estar a medias ni la otra persona tampoco, a corto o mediano plazo, no es sostenible. Así que si no le interesas, déjalo ir.

Cuando a una persona no le interesa lo que a ti te suceda, tus emociones, a pesar de haber empezado ya la relación, entonces no le interesas. Aun siendo "pareja" no puedes estar con una persona a la que solo le importe lo que a él le suceda porque entonces no estás en una relación de pareja, estás con una persona que más bien es un compañero. No le interesan tus opiniones, tu situación emocional o tu situación económica. No le interesa nada ni se quiere involucrar contigo. Otro detalle es que olvida fechas señaladas como cumpleaños, no tiene detalles contigo, no te manda mensajes o no te contesta los tuyos. Tarda días en contestarte, no te pregunta cómo estás, cómo va tu día o no hace lo posible para verte. No intentes justificar al otro, realmente no le importas. El que te quiere, te quiere tener cerca y se mantiene cerca de ti. Hace lo imposible para agendar su día para que tú estas incluida en ella, para poder estar ese tiempo contigo y disfruta estando contigo, porque tu tiempo junto a él es de calidad. Entonces, si no hace nada de esto, es que no tiene interés.

Hay personas que nos podemos encontrar que se acercan a nosotras y que tienen deseos y proyectos similares a los tuyos, o proyectos de vida, pero si no es así es mejor hablarlo antes. No te enganches y no pierdas tu tiempo pensando que le harás cambiar de opinión. Hay un refrán que dice "No pidas peras al olmo" porque no te lo dará y tampoco debes porque probablemente no haya esa química, intereses parecidos o simplemente no le interesas lo suficiente. Con esto no te digo que la otra persona sea mala o buena persona o no tenga buenas intenciones, es simplemente que ahí no te entiendes y entonces no hay que insistir en que lleve a cabo algo que no hará.

Las palabras hablan. Unas veces pueden amar y otras matar, pero hay silencios que hablan mucho más.

En una consulta privada que tuve hace unos días, me vino una chica diciéndome que estaba muy mal con su pareja porque ella quería tener hijos y él no. Me preguntaba qué podía hacer para poder solucionar su problema, cosa que le pregunté si ella lo sabía de antes y me dijo que sí, que cuando se fueron a vivir juntos formalizando la relación ella se lo dijo porque le gustan mucho los niños. Ella viene de una familia donde son varios hermanos y ayudaba a su madre para cuidar de ellos. Lo más increíble fue cuando me empezó a contar su historia. Llevaban 10 años de relación y en principio todo marchaba bien. Querían disfrutar de su vida en común, viajaban, salían y entraba como cualquier pareja…, pero llegado a este punto a ella ya se le despertó ese interés de ser madre. Pensó que era el momento y que después de todo ese tiempo y llevándose tan bien igual había cambiado de opinión, así que un día que ella pensó que era el adecuado, el día de su cumpleaños, se lo pidió y le dijo que su deseo y regalo sería ser madre. Lo que no esperaba es que después de 10 años de convivencia tuviera la respuesta "¿No te acuerdas de lo que te dije cuando empezamos la relación? ¡No voy a ser padre!".

No lo podía creer, aun sabiendo que se lo dijo pensó que podía hacerle cambiar de idea. Pasaron 10 años de su vida con una persona que no compartía los mismos deseos que ella. Ese es uno de los errores que se suelen cometer, pensar que a la otra persona podemos hacerla cambiar de pensamiento. Esta persona sentía que había perdido años de su vida, que ahora ya no conseguiría su amado deseo de ser madre. Resultado: una relación terminada por no hablar y saber qué proyectos de vida tenía cada uno por pensar que podía hacerle cambiar de opinión. Además, su autoestima tirada por los suelos por no tener la fortaleza de haber tenido esa fuerza para enfrentar lo que llevaba tantos años deseando. No cometas tú ese error.

Estos indicadores te están diciendo claramente que no le interesas a esa persona. No te conformes con poco cuando tú te mereces todo y lo mejor.

Aprende a dar lo mismo que te dan a ti, ni más ni menos.

Y cuando no buscaba te encontré…

14.

NO BUSCABA Y TE ENCONTRÉ.

¿Cuántas veces nos ha sorprendido la vida? Cuando querías tener una pareja y te obsesionabas con que todas tus amigas la tenían, no te llegaba la persona que te hacía sentir bien. Hasta llegaste a pensar que nadie te quería o incluso empezaste a salir con algún pretendiente para ver si realmente eras tú la que tenías el problema. Porque sí, antes lo veías como un problema.

Me acuerdo de mi juventud cuando empezábamos a salir y comentabas con tus amigas quién te gustaba más o menos. Me acuerdo de un pretendiente que me salió. La verdad es que siempre les gustaba a las personas que a mí no me gustaba, pero tampoco pasó de ese gusto. Te hacen sentir bien, pero la verdad es que no quería todavía tener a nadie a mi lado y por una sencilla razón. No me gustaba. Así pasó alguna que otra vez, no encontraba la persona que me hiciera sentir que me gustara de verdad.

Y sin saber cómo ni por qué la vida te acaba sorprendiendo cuando menos te lo esperas. Cuando dejé de pensar en si tenía pareja o no, seguía con mi vida. Es cierto que por aquel entonces ya estaba trabajando y me ilusioné de alguien cercano a mi trabajo, pero era esa ilusión de joven que teníamos los dos y nos gustaba encontrarnos, deseando que llegara el día de trabajo para vernos. Pero lo que te tiene preparado el destino para ti, es o no lo es, y en este caso no lo fue. El universo se puso en nuestra contra,. El cambió su sitio de trabajo y lo que pensaba que podía ser, no lo fue. ¿Por qué volvía a pasarme otra vez, que cuando me ilusionaba, me lo quitaba? ¿Por qué la persona que me hacía estar ilusionada me la quitó el destino? Sencillo, un aprendizaje que hoy en día sé. No era la persona adecuada, el destino me estaba preparando para algo mucho más bonito, así que me desilusioné y no quería pensar en nada. Me dejé fluir…

Fue entonces cuando apareció. Lo conocí a través de una amiga que quiso que le acompañara porque le gustaba un chico y quería compañía. Aún recuerdo cuando iba con mi amiga al lugar y apareció acompañando él también a su amigo. Me gustó a primera vista. Tengo que decir que no era el prototipo de hombre que yo tenía en mi mente, esa persona que todas idealizamos y pensamos cómo queremos que sea, pero hubo algo en él que me gustó. Me sentí la mujer más afortunada del mundo y pensé que podía estar con la mejor persona que podía a estar a mi lado. Eso fue lo que me trasmitió cuando lo vi. Y así pasó, fue la persona que estuvo en mi vida más de 25 años, la persona que sin escogerlo fue el padre de mis hijos, el mejor padre que pudieron tener. Hoy doy las gracias por haber pasado por mi vida.

Cuando menos te lo esperes aparece el AMOR. Vuelvo a esos años de ilusión con proyectos juntos, de complicidad y mucho cariño. El amor es algo que si lo has sentido alguna vez, sabrás que lo puede todo. Éramos jóvenes y por aquel entonces aún se hacía el servicio militar, así que tuvimos que separarnos un año aunque solía venir cada 15 días por el permiso que le daban para pasar el fin de semana. Me sentía orgullosa de él, esperaba con ansia su llegada. Sus cartas, su cara, sus aventuras... Me emociono al recordar esa etapa de mi vida: pura felicidad, ilusión y mucha magia.

Y un día te das cuenta de que todo comienza de nuevo y la sonrisa se dibuja en tu rostro para ser la dueña de tu vida.

15.

CAMINANDO JUNTOS.

Cuando estás en una relación de pareja es un periodo de conocerse, de saber si tus ambiciones y las tuyas van unidas. Como te dije en el capítulo anterior, no quiere decir que no te quiera, simplemente tiene deseos de futuro distintos a los tuyos. Cuando empiezas una relación a muy temprana edad, es posible que te suceda lo que a mí me pasó. Aun teniendo una persona, que no dudo que me quisiera, cometí un error. YO no me conocía y creí culpables a personas externas a mí, buscando una justificación a lo que a mí me estaba pasando. No era ni más ni menos que sentía que quería vivir, que lo que había estado construyendo años atrás fue muy bonito como un hogar, lo que siempre deseé, pero… ¿Qué pasaba conmigo? No me sentía feliz, algo se me escapaba y no sabía lo que era. ¿Por qué te cuento esto? Porque no quiero que te pase lo mismo que a mí. Es imprescindible la comunicación, el diálogo, para poder saber y conocer lo que cada uno piensa y poder solucionarlo. En la etapa de convivencia se pasan por muchas fases y cada uno va evolucionando a su ritmo, unos más rápidos y otros más lentos, y hay personas que no quieren evolucionar porque ya se sienten bien así.

Poco a poco se fue apagando la ilusión y algo tan maravilloso que es el sentimiento del AMOR.

Conoce a la persona antes de tener una relación más formal. Es recomendable que hayáis salido un poco, teniendo ese tiempo para poder conocerse. Es cierto que es imposible conocer a una persona en poco tiempo, pero es necesario por lo menos conocer lo más básico. Cuando empiezas el noviazgo nos puede dar una pista de más o menos qué cosas le gustan, sus aficiones, etc., pero ten claro qué **tipo de relación quieres tener**. Es algo que se suele pasar por alto y sin embargo en muchas ocasiones puedes llegar a tener conflictos porque antes de la relación nunca se habló y lo que para ti ya es una relación más formal para la otra persona aun lo no es, no cree que se haya comprometido todavía. Para evitar esos malos entendidos lo mejor es establecer qué tipo de relación se quiere tener y caminar juntos ese camino si así se desea por parte de los dos. Otra de las cosas a tener en cuenta son los valores de la persona con la que vamos a tener una relación. Es importante, así sabremos a qué atenernos en caso de que no fueran los mismos que los tuyos (honestidad, el respeto, la integridad, sinceridad, etc.), fundamentales para tener una relación sana y poder caminar juntos.

Mira hacia adelante pero antes…

16.

OLVIDA EL PASADO.

Eres consciente de que mirar hacia atrás no es lo más positivo para ti, de ahí vienes. Hemos sanado muchos patrones y heridas que te hicieron mucho daño y no te dejaban avanzar. Estás queriendo una vida sentimental satisfactoria y plena que te haga sentir feliz, queriendo resultados diferentes a los que has tenido. Tienes un nuevo futuro que se te presenta caminando uno al lado del otro porque el amor te llegará, pero mientras llega deja de mirar el pasado, vive tu presente y no te preocupes por tu futuro.

El filósofo y budista vietnamita Thich Nhat Hanh escribe sobre cómo disfrutar de una buena taza de té. Nos cuenta que hay que estar atentos al presente para poder disfrutar de una buena taza de té. Solo cuando somos conscientes del presente nuestras manos sentirán el calor de la taza. Solo en el presente aspiraremos el aroma del té, saborearemos su dulzura y llegaremos a apreciar su exquisitez, pero si estamos obsesionados por el pasado o preocupados por el futuro, dejaremos escapar la oportunidad de disfrutar de esa buena taza de té. Cuando miremos el interior de la taza, su contenido ya habrá desaparecido.

Con la vida ocurre lo mismo. Si no vivimos el presente plenamente, en un abrir y cerrar de ojos la vida se nos habrá escapado. Habremos perdido sus sensaciones, su aroma, su exquisitez y su belleza y sentiremos que ha trascurrido a toda velocidad.

El pasado, pasado está. Aprendamos de él y dejémoslo atrás. El futuro ni tan siquiera ha llegado. Hagamos planes para el futuro, pero no perdamos el tiempo preocupándoos por él. Preocuparse no vale de nada. Cuando dejemos de pensar en lo que ya ha ocurrido, cuando dejemos de preocuparnos por lo que todavía no ha pasado, estaremos en el presente. Solo entonces empezamos a experimentar la alegría de vivir.

Sé lo difícil que es olvidar el pasado, porque aún te acuerdas de los buenos momentos que pasaste, porque también los hubo. Esos proyectos e ilusiones que tenías de estar con tu pareja juntos. Muchas de la veces aún piensas si no sería mejor volver. Te entra el remordimiento de que las cosas fueron mal por tu culpa. Es como si quisieras remediarlo, pero no te engañes. Si estás sintiendo eso todavía, llegando a este punto, tienes que olvidar y ser agradecida de lo que viviste, el aprendizaje tan fuerte que tuviste y, sobre todo, piensa. ¿Qué te hace pensar que tu pareja estará esperándote? Él también sufrió después de haber pasado el tiempo, cuando aún había posibilidades de una vuelta. Tú quisiste vivir tu vida, esa vida que creías que se te escapaba, y ahora te das cuenta de que lo mejor lo tenías en casa. Pero se te olvida una cosa. No estabas enamorada, y aun así... ¿Piensas en volver? No te engañes, has llegado hasta aquí para evolucionar. Tuviste un gran maestro, el de tu propia vida. Muchas lágrimas derramadas por sentirte sola, llevando una carga a tus espaldas que nunca creíste que fueras capaz de soportar, y te demostraste a ti misma que tú puedes. Esos días grises en los que no sabías por dónde tirar ni qué hacer, mucho remordimiento, culpándote de todo, y yo te digo "No fue tu culpa, no te des más latigazos en la espalda. Eran cosas de dos personas que no supieron evolucionar al mismo tiempo, y lo que creías que era amor solo fue una ilusión que después de los años se fue disipando, algo que ninguno de los dos supo luchar. El AMOR verdadero es el que no tiene rencor, ni egoísmo, ni entiende de orgullo, solo sabe reconocer que al estar con la persona que es su amor no entiende de nada de eso, solo volver a vivirlo, sin rencores y sin explicaciones. Cuando eso no SUCE-DE olvida el pasado.

El amor verdadero es una de las grandes cosas de esta vida por las que vale la pena vivir".

¿Sabes lo que te viene de camino?

17.

¡TU ALMA GEMELA LLEGÓ!

A esa persona tuve el privilegio de conocerla y es difícil de explicar lo que se siente porque con solo verla sientes algo diferente. Fue una noche de verano, había quedado con unas amigas después de trabajar y pasaría a tomar un refresco con ellas en una de las terrazas de verano.

Cuando llegué mi sorpresa fue que estaban celebrando el cumpleaños de una de las personas que estaban en el grupo.

—Hola, soy Pedro. Tenía ganas de conocerte.

—Encantada, Pedro, soy Loli. ¿Así que tenías ganas de conocerme? —le pregunté.

—Sí, me dijeron que venía la peluquera.

—¡Pues ya estoy aquí!

—Hoy es mi cumpleaños y quería dar una sorpresa, pero la sorpresa me la he llevado yo.

—¿Eso es un cumplido? —le pregunté.

Solo una mirada de respuesta, pero esa mirada me llenó y supe que era mi alma gemela.

Pasamos una velada bonita. Fue tanta la conexión que traspasaba los límites del lenguaje, parecía como si nos conociéramos de toda la vida.

Comenzamos a hablar cada uno del otro solo con la intención de conocernos un poco más. A medida que se iba dando la conversación me estaba dando cuenta de que era como si nos estuviéramos mirando en un espejo, dando un reflejo que alguna vez no fue muy placentero, pero en el fondo era lo que yo estaba pensando. Es algo que tienes muy guardado y él me lo está haciendo recordar.

El alma gemela va a reflejar en ti tanto lo bueno como lo malo. Su conexión es hasta tal punto que, solo con una mirada, un gesto o una caricia, sobrarán las palabras. Es un vínculo tan fuerte que pareciera que fuéramos solo uno.

Se crean unos vinculo tan fuertes que serán irrompibles.

Lo que se siente al tocar a tu alma gemela es inexplicable y muy mágico, es muy difícil que sientas con otra pareja lo que se siente con tu alma gemela. Es como si te estuviera pasando una corriente por todo tu cuerpo que te atraviesa desde la cabeza a los pies y te conectara con tu SER. Una caricia o un simple abrazo de tu alma gemela hace que tu espíritu esté en armonía y bienestar, y así te sucederá después de mucho tiempo de relación si decides tenerla.

La compenetración y la comodidad del uno al otro es evidente desde el primer día de relación y eso te dará una confianza y seguridad que fluye en la relación, por lo que apenas hay secretos entre ellos dos porque no existe el miedo de abrir su corazón al otro y compartir sus miedos, alegrías o necesidad que tuvieran en ese momento.

Cuando encuentras a tu alma gemela no quiere decir que sea perfecta ni que la relación tenga que ir siempre de color de rosa, ni crear las expectativas que tú quieras o desees.

La misión del alma gemela es encontrase para evolucionar y aprender lo máximo posible mientras estáis juntos. Tampoco quiere decir que estéis de acuerdo en todo lo que se piensa, eligen o hacen. Puede incluso que sus objetivos comunes no se ajusten demasiados a los tuyos. Cada uno es un ser independiente y tienen gustos diferentes, pero hay respeto, se apoyan pese a las adversidades y diferencias.

Pero lo que sí los une es una visión del mundo, compartiendo los mismos valores o virtudes de cada uno.

Así que, si todavía no has podido experimentar lo que se siente al tener a tu alma gemela, intenta mantener tu corazón abierto, así como tu mente, para que cuando esté frente a ti te des cuenta al momento y no pierdas la oportunidad de pasar el resto de tu vida con ella.

Vívela, disfrútala y ámala.

Si lo sientes.

Cuando le echas de menos nada más irse.

Cuando no te hace falta hablar para que te entienda.

Cuando no puedes imaginarte el futuro sin él y a él le pasa lo mismo.

Si desde el primer momento te has sentido a gusto con él.

Si sientes que estar con él te hace ser mejor persona,

Si los dos habéis logrado tener cada uno ese rinconcito sin que ello suponga un problema,

Si sentís esa química,

Si las diferencias de opinión las podéis compartir en las mismas metas en la vida…

¡ESTA ES TU ALMA GEMELA!

No te conozco, pero sé que te sientes ahora muy feliz. Ese es mi propósito, que encuentres el amor, tu felicidad y, sobre todo, que TÚ seas la que decides por tu propia vida cómo, cuándo y con quién quieres vivirla.

Pasa la página, nos vemos dentro.

18.

TE LLEGÓ EL AMOR, DISFRÚTALO.

¿Te sientes preparada para poder recibir lo que ya te está llamando a la puerta? ¿Crees que es el momento de recibir el amor que te llega? Antes de nada, déjame decirte que de nada te servirá si antes no estás llena de ese amor en ti, **¡si no te quieres tú!** Para poder recibir y tener una relación estable y feliz con otra persona es imprescindible que antes la tengas contigo misma.

No puedes dar lo que no se tiene. Si quieres recibir amor, tienes que dar amor. Es imprescindible llenarte de ti.

Cuando conectamos con una persona, en vez de dejarnos llevar, fluir y disfrutar de lo que en ese momento sentimos, nos ponemos trabas hasta llegar al punto de impedirnos disfrutar del amor y el deseo.

Alguna vez nos ha pasado el estar con una persona para compartir el deseo de estar juntos y puede suceder que sea solo una bonita velada de una noche y alguna otras de querer repetir y repetir. Cuando a la otra persona le sucede lo mismo que a ti y le apetece estar contigo, verte y se va enamorando con la misma fuerza que te está sucediendo a ti, entonces es el momento ideal para disfrutar del amor y vivir tu romance. Esto sucede pocas veces, pero cuando llega DISFRÚTALO.

Solemos pensar que cuando el amor se nos presenta no estamos acostumbrados. Estamos tan programados al sufrimiento que cuando nos sentimos correspondidas y todo va fenomenal no podemos creerlo. Hay que saber estar preparada para la felicidad y esto muchas veces no sabemos gestionarlo.

No tengas miedo de sentir lo que ahora mismo estás sintiendo. Puede parecer un sueño y temes que en algún momento puedas despertarte y veas que todo terminó, o que la persona que ahora está en tu corazón empiece a construir muros y no quiera vivir o dejarse llevar por la bonita magia del AMOR.

No todas las personas estamos preparadas para vivir una bonita historia de amor y es que para vivirla hay que ser valiente. Como ya te dije anteriormente, hay que estar dispuesto a dar para poder recibir.

Acumulamos dolores que pesan mucho de experiencia vividas, heridas que aún no cicatrizaron, traumas de la infancia, miedos, recuerdos traumáticos, miedo al sufrimiento, miedo al abandono, miedo a ser feliz, miedo a ser rechazado, miedo a perder la libertad… Estos miedos y esas carencias, y muchas veces la necesidad de que nos amen, es lo que nos impide disfrutar del presente en la relación y nos resta energía y el empuje para comenzar un nuevo romance.

Hay muchas maneras de estropear lo bonito que te llega, el AMOR. Que no te frenen los miedos. Llegados a este punto sé que no será tu caso, porque vienes de haber sanado todas esa heridas abiertas que ya no existen. Miramos al amor con otros ojos, con la ilusión de volver a sentir esa emoción que hace tanto tiempo no sentías y necesitabas, esas cosquillas en tu estómago que te hacen trasportar a tus años de juventud, a cuando conociste a tu primer amor con la ilusión de una joven enamorada. DISFRÚTALO.

Hay hombres que también tienen ese miedo, pero sobre todo miedo a perder su libertad, su soltería. No quieren sentirse atrapados en un romance en el que se sientan presionados ni obligados a tener que dar explicaciones. Miedo al compromiso, miedo a no controlar sus emociones y les haga débiles ante la pareja en cuestión por sentir ese amor. Así que aunque lo esté pasando bien, generará una resistencia que le hará muy difícil disfrutar de ese nuevo amor.

Yo cuando decido vivir un romance pienso en la emoción que siento en ese momento. Si lo que siento es rencor por algún pasado vivido que me lo recuerde, inseguridad o algún tipo de miedo, prefiero no comenzar.

Porque el amor está para vivirlo y disfrutarlo en libertad y plenitud, sin sufrimientos innecesarios. Si no hay romance es porque hay muchos inconvenientes y problemas que veo que puedan llegar a suceder. Entonces veo claro que, si no puedo disfrutar, **no es mi relación.**

Cuando tengas que vivir un romance hay que vivirlo dando lo mejor de ti con generosidad. El amor y el deseo son energías trasformadoras que pueden sacar de ti, lo mejor de nosotras mismas, y pueden hacernos muy felices mientras duran. Si la otra persona no tiene las mismas ganas, si no se compromete y no comparte, es mejor dejar la relación. No todos los romances nos llevarán a un estado emocional de compromiso.

Para formar una pareja hay que poder disfrutar de su romance, ser feliz, pasarlo bien y experimentar los cientos de emociones bonitas, disfrutar de esas noches de amor, dejar volar la imaginación con tu pareja con el placer y la pasión…

¡DISFRÚTALO!

MI AMOR SE CONVIRTIÓ EN MI EX.

Trato de buscar en cada detalle de mi memoria qué fue lo que nos faltó, qué hizo falta para que nuestro amor siguiera creciendo. Yo creí que te estaba dando lo mejor de mí, pero al parecer no fue suficiente para ninguno de los dos.

Sabes muy bien que estas paredes saben muy bien todo lo que vivimos y pasó entre nosotros dos. Ellas fueron nuestro testigo de todo lo vivido: las risas, el llanto, el amor y la esperanza de crecer juntos tomándonos de la mano hasta el final de nuestras vidas.

Todos los días he tratado de que te vayas por el camino del olvido en mi mente, pero por más que lo intento simplemente no puedo ni tampoco quiero. No es aferrarme a ti, a tu imagen, tu persona. No es querer algo imposible de conseguir, eso sería torturarme y créeme que esto no lo es.

Aun así lo sigo intentando porque estoy convencida de que eres el amor de mi vida. Eres la persona que el destino desea que esté a mi lado. Tú no lo entiendes, sabiendo que tengo razón porque aún existen dudas.

Yo no te puedo obligar a hacer algo que tú no desea. Está mi arrepentimiento, una equivocación que ya fue sanada y perdonada por mi parte. La tuya sigue pendiente, algo que no supimos reparar. Estoy casi segura de que lo que no te permitió seguir adelante fue tu miedo, el miedo a la desconfianza, el miedo a que volviera a suceder, al sufrimiento y a que te amen de verdad, que te demuestren lo especial que eres y saber que puedes contar con alguien siempre, pues yo siempre estaré ahí para ti. Algunas veces es necesario el distanciamiento y sufrimiento, sentir que alguien que en su día fue tan importante en tu vida ya no está incluida en la tuya. Desgraciadamente no vinimos a este mundo con un manual de instrucciones para saber lo que está bien o lo que no lo está. El universo nos puso a prueba y este examen no fue superado, lo suspendí. Gran lección y buen aprendizaje. No supe darle esa energía para avivar la llama que se estaba apagando llamada AMOR.

PORQUE NO PUEDO OLVIDARME DE MI EX.

Cuando rompes una relación piensas que nunca po-drás superar la situación. Déjame decirte que superar y olvidar son dos cosas totalmente distintas. Muchas veces me encuentro con personas que me comentan que no quieren olvidar porque hubo momentos muy felices también. Nunca hay que olvidar tu pasado, es-tuvo ahí y forma parte de ti. Las personas con las que compartiste y sobre todo las personas que amaste te hacen ser como eres tú ahora, así que siempre digo que nunca hay que olvidar el pasado. Superarlo es algo bien distinto. Hay que aprender a vivir sin esa persona, sin que duela, y eso sucederá cuando ya lo hayas superado. Todos en la vida pasamos tarde o temprano por situaciones muy dolorosas como los duelos, las lágrimas por las pérdidas y las rupturas. Estas siempre son parte de la vida y eso pasará, no lo podemos evitar.

Nos han educado en que el dolor es malo, de que los duelos son malos y por eso muchas veces intentamos evitarlo yendo por un camino distinto, creyendo que ya no vas a sentir nada y no te va a doler, pero déjame decirte que eso no va a suceder. Es una creencia que no es cierta.

Los duelos nos ayudan a madurar, nos ayudan a ser más fuertes y nos ayudan a aceptar que en la vida hay muchas situaciones que no están en nuestro control. De hecho, nada está en nuestro control. Entonces las creencias tienen un peso muy fuerte en nuestra vida. Cuando tú crees que puedes estás en lo cierto y si crees que no podrás superarlo también estarás en lo cierto. Es una creencia que está en tu subconsciente, así que ten cuidado con lo que piensas, lo que hayas visto en tu niñez o con personas de tu alrededor. Muchas de las veces en nuestra niñez nuestros padres nos ocultan situaciones dolorosas para que nosotros no las pasemos. Obviamente no tenemos el poder de procesar y analizar lo que está ocurriendo, como puede ser un divorcio, un disgusto de la pareja, una pérdida de un familiar, etc. Y esa creencia de evitarnos el sufrimiento es lo que después en nuestra vida, ante una ruptura de pareja o cualquier duelo que estés pasando, hace que creas que no podrás superarlo y es cuando te planteas "¿Cómo me voy a separar de mi pareja? Si no voy a poder superarlo". Es el miedo al dolor lo que te tendrá atada a una situación que no te deja avanzar.

No hay forma posible de pasar una ruptura o duelo sin dolor. De ahí su nombre, DUELO, aun si tú fuiste la persona que tomaste la decisión. Esto es porque el duelo es la renuncia voluntaria o involuntaria de algo que tú quieres, es la pérdida de sueños, ilusiones, de proyectos y alguna vez de fantasías y eso es lo que más duele, porque era algo que no era real y tu creías que lo tenías con esa persona y que ya no está. También puede ser el dolor real, las amistades que se pierden junto con esa pareja si estabas casada, el dinero, patrimonio, el no ver a tus hijos a diario, el compartir las fiestas, navidades, cumpleaños, etc., con tu pareja.

Lo más importante y me gustaría que lo tuvieras muy en cuenta es que con quien no puedes dejar de vivir es contigo misma. TÚ eres la persona que sin ti nada puedes hacer. Las demás personas, aunque duela, sí que podemos vivir sin ellas y eso póntelo en tu mente. Puedes estar segura de que sí lo vas a superar y a medida que lo creas lo superarás.

Somos lo que somos gracias a todo lo que hemos perdido y más, mucho más. Cómo nos hemos manejado frente a esas situaciones o pérdidas. La vida está hecha de pérdidas y despedidas.

Salir de nuestro vientre materno ya fue una pérdida, nuestros amigos del colegio, nuestros maestros que nunca más volvimos a ver, las amigas que se perdieron en el camino, los tíos y abuelos que se murieron... Vamos por la vida donde también perdemos dinero, estatus económico, proyectos, al casarnos perdemos nuestra soltería... Todo cambio de situación genera una especie de duelo y ya lo superaste. Desde que naciste te aseguro que han habido un sinfín de situaciones que creías que no ibas a superar y sí lo superaste. De la misma manera se supera la ruptura con una pareja.

Cuando yo tomé la decisión de separarme y dejar todo atrás, todas esas ilusiones y proyectos que yo creía que tenía junto a una persona se fueron, se esfumaron. Fue una pérdida, te lo puedo asegurar. Mucho dolor, decepción, frustración y por qué no, rencor; esas emociones que son tan dañinas para nuestro cuerpo. Todas las tenía yo. Además, iban acompañadas de todas la personas que por aquel entonces estaban en mi entorno y creía que eran amigas o incluso familiares. Se fueron, dejaron de serlo, algo que no entendí por aquel entonces. Fue un aprendizaje importante para mí, me costó mucho superarlo, pero aprendí lo que te comenté anteriormente. Somos únicos y sin ti misma no puedes vivir. Pude aprender que las personas vienen y están en tu vida por un determinado tiempo y no puedes buscar un culpable porque no lo hay. En esta vida no todas las personas que están a tu lado pueden ni quieren transitar por el mismo camino hacia donde tú te diriges.

Cuando te haces consciente de que la vida está llena de pérdidas y nos vamos a enfrentar a múltiples retos y pérdidas, también dejamos de tener tanto miedo al dolor y al miedo. El dolor sabemos que nos ayudará a crecer, claro que sí tendremos dolores que se tienen que trabajar en terapia, porque hay cosas que nos superarán y no sabremos cómo debemos trabajarla. En el segundo tomo de esta trilogía *El cristal donde te miras* te explico y te doy herramientas donde podrás encontrar una serie de ejercicios que te irán bien para todo este proceso.

Volviendo a la pérdida de la pareja, obvio que es mucho más doloroso cuando no eres tú quien toma la decisión de terminar con tu pareja. Pregúntate qué bien puede hacerme estar aferrada a una persona que no quiere estar conmigo, que no me quiere. No te aferres a algo que no vas a tener, no quiere. Tienes que soltar. Qué bonito es vivir el amor desde la libertad, de que sé que si está conmigo es porque así lo quiere, no porque lo estemos forzando, no porque estoy haciendo una estrategia o manipulación para que no me deje y no se fije en otra. Cuando tengas una pareja que lo sea porque quiere estar contigo, no porque estás viendo cómo vas a manipularlo para que se quede contigo, pensando qué vas a hacer para que si se va pueda regresar.

Acepta lo primero de todo la ruptura, vive tu duelo y si vuelves será en otras circunstancias, habiendo aceptado que esa primera relación murió por alguna razón y no a todos los ex se les puede recuperar. Si esto sucede es porque hay y siempre hubo AMOR, pero si tú te recuperas es mucho más probable que si esa relación vale la pena la puedas recuperar. De otra manera no se puede.

Hay parejas que han aprendido a vivir desde la manipulación y la estrategia, para "que haga lo que yo quiera para que no se vaya con otra, no vaya con sus amigos, no me deje" y esto lo hacen los dos. Es completamente una relación tóxica con dependencia, enganche…, muchas cosas, pero no es AMOR. El amor es libre, tienes que decir que si se quiere ir que se vaya, si cuando vuelva quiere volver y te encuentra genial y si no pues felicidades. No puedes perder el tiempo con alguien que no te quiere y no quiere estar contigo. Cuando aprendes esto es cuando sueltas y después de aceptarlo, pasar por tu duelo y volver a encontrarte y recuperar tu propio SER, será en ese momento cuando tu puerta al amor se abre y decidas seguir tu camino al lado de alguien o sola, pero ya será tu decisión. Lo más importante será que lo decidirás desde el amor propio y no querer a nadie a tu lado que no te quiera. Duele, sí. Vas a llorar, sí. Pero después pasará. El dolor pasará, eso nadie te lo puede quitar. SUPERAR no es OLVIDAR, superar es recordar cada cosa sin que duela porque **lo viví, lo sentí y ya lo dejé salir.**

El AMOR no tiene que ser PERFECTO, pero sí HONESTO, SINCERO y VERDADERO.

19.

AMAR Y DEJAR HUELLAS.

¡Claro que amar deja huellas! Tanto para bien y para mal. Quién no se acuerda de esos momentos bonitos vividos disfrutados junto a la persona que tú quieres o que en ese momento tenías a tu lado, esas cosquillas que sentías e ilusión como cuando eras una niña y deseabas con tanta ilusión ese regalo de cumpleaños o ese día de Reyes, cuando esperabas ansiosa tu regalo que siempre deseaste. AMAR no es siempre recoger, también es estar dispuesta a dar lo mejor de ti y que a la vez seas correspondida, pero como eso no siempre es así, es entonces cuando te vienen los conflictos. Lo que nos diferencia de las mujeres a los hombres es que la mujer tiene que aprender a soltar y los hombres tienes que aprender a retener y olvidar lo que tuvieron a lo largo de la vida.

Ama como nunca te hubieran amado, entrégate con todo tu ser, no vayas a medias. Eres libre de amar y querer si así lo deseas. Hay veces que no recibimos lo que queremos por tener ese miedo a lo que pueda pensar la persona que en ese momento nos importa. Escucha tu niña interior, esa a la que no le haces caso y la tienes muy olvidada. Está deseosa de dar y recibir amor, quiere sentirse amada. Quiérela y sobre todo no la olvides nunca más. Sácala a luz, habla con ella, juega, pregúntale sus deseos y anhelos. Ya no quiere sentirse sola porque el hombre que amó le dejo huella y esa huella no puede desaparecer. Por más que lo intentes es como un jarrón que se rompe, nunca más llegará a ser lo mismo que era. Acepta lo que diste en ese momento, no supiste más y lo hiciste muy bien. Tenías una lección por aprender y lo hiciste bien.

Cuando te entregas totalmente, sin prejuicios, con amor, siendo una persona consciente de que todo lo que llegó en tu vida siempre fue para crecer, superarte y ayudarte a ser mejor en todos los ámbitos de tu vida, es cuando surge el milagro. Es cuando llegan a ti personas con unos valores increíbles, cuando todo en tu vida cambia, mejora en tu hogar, familia, negocios e incluso llegan a ti personas con una vibración alta, como ahora estás tú. Llevas un aprendizaje de tu propia vida, pudiste sanar muchas heridas, estás en un momento de tu vida en la que vas escalando esa pendiente que anteriormente veías muy empinada y jamás pensaste que tuvieras esas fuerzas para conseguirlo y lo lograste. Diste un paso adelante, dejando huellas, porque entregaste todo lo que tú eras. Ahora eres una mujer nueva, te ves feliz, sonriente, caminas por el camino ancho y fresco de tu nueva vida. **Te llevaste unas huellas de tu pasado, pero también dejaste las tuyas atrás.**

Qué orgullosa me siento de haber llegado hasta aquí contigo en este camino que recorrimos juntas. Sé que eres otra persona bien distinta de la que empezaste, con esos miedos y sin saber por qué no conseguías lo que tú más deseabas tener, una pareja a tu lado. ¿Te diste cuenta de todo el poder que llevabas dentro y no lo habías sacado? Nunca dejes de ser tú misma, que nadie haga que pierdas tu esencia, tu propio SER, porque TÚ eres...

MUJER PODEROSA.

"Nos besamos con pasión, nos acariciamos con dulzura, nos abrazamos con ternura, nos acostamos con locura, pero por encima de todo paseamos como dos almas que se conocen desde hace tiempo sabiendo que nuestro amor nació del ALMA".

Te espero dentro de las siguientes páginas.

20.

MANTÉN VIVA LA PASIÓN.

Estás a punto de conseguir tu propósito, de estar al lado de una persona que te quiera y sentirte feliz porque eso es lo que deseas, pero tienes que tener en cuenta y no caer en el error que les sucede a muchas de las parejas. Cuando conseguimos lo que queremos, luego nos olvidamos. ¡Error! No caigas en la rutina porque eso es lo que te pasará. Hay que mantener la llama viva del amor. La rutina es un mal enemigo de las relaciones de pareja y suele estar causada por cosas externas y exigencias del día a día y con ello se puede desatender la vida amorosa de la pareja.

Es importante saber y tener consciencia de que las relaciones amorosas evolucionan a lo largo del tiempo y que la intensidad de la pasión y la emoción, como se experimenta en la primera fase de él, no puede durar eternamente, pero esto no significa que haya que renunciar a esos sentimientos. Hay que aprender a reformular las necesidades y expectativas conjuntamente para tener viva la llama de la pasión.

Es importante que la comunicación sea la herramienta fundamental para combatir el estancamiento en una relación de pareja. Tenemos que saber escuchar y también trasmitir a tu pareja los sentimientos y las necesidades. Es fundamental crear vínculos de intimidad más potentes entre los dos, no dar por hecho que ya conoces los deseos de tu pareja y no pretender tampoco que sea él quien adivine cómo te sientes o qué necesitas tú.

Tienes que reservar un tiempo para vosotros sin distracciones externas para poder hablar de forma abierta, sincera y clara sobre estas necesidades. Tienes que ser clara y decirle cómo te gustaría que se comportara, si no lo está haciendo, y también decirle si estás actuado tú como a él le gustaría. Así será mucho más fácil poder tener una relación sana.

La pasión genera más pasión. Un ejercicio que va muy bien en estos casos es cerrar los ojos, relajarte y recordar los momentos vividos de más pasión con tu pareja. Es un ejercicio que también podéis hacer en pareja, creando un ambiente adecuado a la experiencia que vais a vivir de complicidad e intimidad. Potencia el contacto físico con la pareja a medida que pasa el tiempo. Los besos, abrazos, las pequeñas caricias... Intenta que se hagan habitualmente. El tacto es el sentido más importante hasta el punto de que varias investigaciones científicas han demostrado que tomar de la mano a tu pareja o darse un abrazo ayuda a liberar endorfinas. Incrementar las caricias es una de las mejores formas de mostrar tu cariño.

Aprovecha cualquier momento para sorprender a tu pareja con detalles románticos como dejar una nota debajo de la almohada, un libro o algún regalo inesperado que lo deseaba y nunca se lo compró. No esperes a una fecha determinada para poder demostrar lo que tú sientes. El amor no tiene días especiales, son todos los días lo que tú sientes por esa persona. Te puedo asegurar que esos pequeños detalles pueden marcar una gran diferencia en todo lo demás.

No guardes para ti lo que sientes, no des por sentado que como lleva mucho tiempo contigo no es necesario. Tu pareja los necesita como tú, hazle saber lo importante que es ÉL para tu vida y cómo lo quieres. Susúrrale al oído lo que te gusta de él. Crea un clima de positividad que ayudará a la relación a no estancarse.

Es importante saber qué actividades os gustan y compartirlas, eso hará que rompáis la rutina. Ejemplos: clases de baile, excursiones de montaña, teatro, cine, deporte juntos... Compartir intereses y dedicarle el tiempo suficiente a realizar estas actividades juntos será fundamental para mantener la relación unida y pueda seguir viva la llama del amor.

Se acercan cambios a la hora de seducir a una pareja. El tipo de seducción que tiene el hombre en su mente se queda un poco desfasado y es necesario aprender a realizar de la mujer actual una búsqueda más acorde y darse cuenta la dificultad en encontrar a ese hombre idealizado que aún no se ha puesto al día.

Se termina el tiempo de imposiciones y empieza el tiempo de negociaciones, sabiendo qué es lo que cada uno de ellos necesita o desea.

Vive tu relación sin ataduras con toda la pasión que puedes dar.

DESPUÉS DE CONOCERTE.

Respira, mira a tu alrededor, piensa después de hablar, calla antes de pensar, haz lo que sientas, déjalo, ríndete, comete una locura y cómete el mundo.

Déjate vivir, no dejes de soñar, abre bien los ojos y mantén los pies en la tierra. Mantente alerta, un día más es como un día menos, contigo o sin ti. Que se den cuenta de que tú también cuentas. Silencio, que aquí estamos nosotros. Levanta la mano si no entiendes, alza la voz cuando no escuchen. No te dejes interrumpir cuando ya sabes lo que quieres. Asegúrate de ser el epicentro de tus decisiones, ata bien fuertes tus límites. No olvides tus valores. Desaprende todo lo que esta sociedad te ha hecho engullir. Sé fiel a ti misma. Date cuenta de que lo que callan es lo que importa. Descontrólate después de conocerte.

No te fíes de los medios ni de los miedos, sé tu misma en este mundo regido por el caos, el poder la ambición y el fracaso. Nadie quiere formar parte del proceso. Nadie quiere estar en el camino y aguantar los contras, las quejas y las imperfecciones.

Es tan fácil mirar hacia otro lado mientras la otra persona se busca a sí misma... Para qué participar cuando es un producto inacabado. Piensa que si triunfas el mundo se reducirá en dos tipos: las personas optimistas te admirarán y los pesimistas verán en ti todos sus fracasos. Descontrólate después de conocerte. Ten prisa, no te conformes, no te molestes si te caes. Reposta justo para ir tirando, no pierdas tus ganas en los días grises porque los soleados serán mucho más azules. Que antes de ser lo que los demás esperan, es preferible que sigan esperando. Disfruta de ti misma, olvídate del espejo y lánzate en busca de aventuras. Busca tu razón. Puede ser una persona, un lugar, un sueño por cumplir, una promesa. La gente odia lo que no entiende, déjales que sigan preguntándose por qué sonríes. Di "hasta luego", porque cada vez que te despides mueres un poco.

Descontrólate después de conocerte.

21.

BIEN, ¿Y AHORA POR DÓNDE EMPEZAR?

¿Mucha información? ¿Por dónde empezar? Te lo comenté en el primer capítulo de este libro. Espero que hayas tomado conciencia y disfrutado leyendo este libro, pero no cometas el error que cometí yo. Confío en que utilices los métodos que ahí te explico para mejorar y encontrar todo lo que tu deseas. Sin acción no hay resultados. Leer es un buen comienzo, pero actúa si quieres verlo materializado.

En la primera parte del libro te muestro las creencias y el patrón mental de lo que son para ti las relaciones. La importancia de la programación verbal, las referencias para conseguir el cambio deseado, la importancia de quererte para poder dar a los demás. Que hay que aceptar y soltar cuando la relación no funciona, que el APEGO duele y decidiste no sufrir más. Que el DESAPEGO es necesario para todo en la vida, que no somos propiedad de nadie, y lo que no nos hace feliz lo soltamos sin sufrir.

No hay que sentir la necesidad de estar unida a una persona que no te quiere, que eres TÚ la que te tienes que querer, que si no te quieres no puedes dar lo que no tienes.

En la segunda parte has aprendido que todo llega en el momento perfecto y las personas llegan a tu vida por una determinada vibración. Que si tú te quieres por dentro eso es lo que atraerás, personas que te quieran.

Recuperaste la confianza en ti, subiendo la autoestima y volviste a tu esencia, a encontrarte con tu propio SER.

El momento deseado de amar te llegó recorrimos juntas un camino para llegar a tu destino. ¡DISFRÚTALO! Lo mereces. Si llegaste hasta aquí no fue por casualidad, fue por causalidad de un aprendizaje aprendido y puedo decirte que con nota muy alta.

Ahora no decaigas, disfruta y mantén viva esa llama del amor. Respeta y que te respeten. Da y recibe. Sorprende y que te sorprendan. No des las cosas por hecho. La comunicación es fundamental. Vive el amor sin ataduras, no caigas en la rutina.

DESATA TU PASIÓN Y DISFRUTA.

¿Te imaginaste alguna vez que tu cambio sería posible pudiendo encontrar relaciones prometedoras?

Llegó tu momento y es el tiempo perfecto.

¡FELICIDADES!

Aprendí mi camino de sanación, superación y pude superar todas las barreras que hasta ahora me iba encontrando. Mi propósito es ayudar e inspirar a muchas personas a encontrar ese camino, con coraje, decisión y alegría en lugar del miedo la obligación o la necesidad.

En este volumen de *Mujer Poderosa* termino esta trilogía de "Las tinieblas de tu interior". Espero que hayas disfrutado tanto como yo dejándome guiarte hasta lograr tu objetivo. Estaba convencida de que lo conseguirías, por eso siento una gran admiración por ti.

Las tinieblas de tu interior, primer volumen. Encontraste las respuestas de todas y cada una de esas preguntas que te atormentaban y no te dejaban ver ese camino que tenías delante de ti, llevando una vida que no te pertenecía. Aprendiste el poder que tienen las palabras y la frase que me marcó tanto en mi vida, "Tú no vales". Quitamos miedos e inseguridades, pudiendo conseguir lo que siempre quisiste ser, TÚ MISMA.

El cristal donde te miras, segundo volumen. Fue un trayecto duro de transitar y necesario para poder transformarte. Llegamos a lo más profundo de tu dolor,, para restaurar y sanar las heridas que te hicieron tanto daño. Te espera un nuevo renacer llevando el control de tus decisiones. Volviste a mirarte al espejo y pudiste ver tu propio reflejo.

Mujer poderosa, ¡siempre lo fuiste y lo tenías muy escondido! Te dejabas llevar por esa necesidad que tenías de tener pareja a tu lado, teniendo las distintas áreas de tu vida cubiertas. Te sentías muy sola porque no encontrabas ese compañero de vida que tanto deseabas. Te di diferentes pautas, por qué te sucedían esas situaciones, repitiendo siempre el mismo patrón de personas que no te hacían sentir bien. Ahora eres libre Y TÚ ya decidiste.

PARA TI, MUJER. En los dos volúmenes anteriores de esta trilogía te comenté que durante muchos años cada día elijo una carta de tarot para saber cómo me irá el día.

Pero hoy quiero que me des la oportunidad de mostrarte un cambio. Quiero hablarte de unas de las cartas que siempre llevo conmigo y es una de las herramientas que utilizo para mis terapias de pareja.

LA CARTA DE LOS ÁNGELES DE LUZ, **YEIAIEL.**

Todos y cada uno de nosotros tenemos uno o más ángeles de la guarda. Son seres espirituales. Son invisibles pero luminosos, descritos como fuertes, con alas y sonrientes.

Nos aportan la ayuda en el momento justo en que la necesitamos, teniéndolos las 24 horas del día durante toda nuestra vida, desde antes de nacer hasta la muerte.

Quiero hablarte de YEIAIEL, es el Ángel número 22 y es el que corresponde a los nacidos del 8 al 12 de julio. Su nombre significa "LA DERECHA DE DIOS".

Las personas nacidas bajo esta influencia aman el comercio y están ligadas a los negocios. Se distinguen por sus ideas liberales.

Si naces bajo su influencia tienes un espíritu dirigido hacia cambios, ya que sabes que nada es para siempre y por ello no se puede desperdiciar ningún momento de la vida.

Son originales y exóticos en su actuación. A veces es considerado loco o mago.

Son generosos, detestan el sufrimiento humano y siempre trabajan por el bien común. Les gusta viajar y tienen necesidad de conocer el misterio de conocer otros países.

Es un "médium" excelente y será buscado por personas que, creyendo en su fuerza, encontrarán paz en sus previsiones o presentimientos.

El número que le representa es el 22 y es el que anima a trabajar en el camino de la vida espiritual y el propósito del alma. Es el poder y los logros.

Todos los ángeles traen con su número un mensaje y es que deben tomar una postura equilibrada, armoniosa y pacífica en todas las áreas de su

vida. Se tienen que mantener firme en sus convicciones personales y actuar en consecuencia. Tienen mucho que lograr y con devoción y sabiduría interior serán capaces de manifestar con éxito los resultados deseados.

Los números 22 pueden convertir en realidad los sueños más ambiciosos y es el más exitoso de todos los números.

Es ilimitado, pero disciplinado. Ve el arquetipo y lo lleva a la tierra en forma material. Tiene grandes ideas, grandes planes, liderazgo y una enorme confianza en sí mismo.

El número 22 es un Número Maestro con una energía similar al número 2. Simboliza la intuición, las emociones, el equilibrio, la diplomacia, la armonía, la adaptabilidad, el poder personal, el idealismo, la evolución, la expansión, el servicio, el deber, etc.

Este número es considerado como uno de los más poderosos de todos.

Las personas número 22 son lo suficientemente poderosas como para manifestar deseos inimaginables en la realidad. Tiene toda su característica multiplicado por cuatro. El número 22 tiene una energía tremenda. Si te guía este número ya debes saber que hay un propósito espiritual más elevado para que estés en esta tierra. Es un número de muy alta vibración.

Y como nada es casualidad, este libro que tienes en tus manos se llama *Mujer poderosa.*

Ahora me conoces un poquito más. Mi Ángel es YEIAIEL y el número que me identifica el 22.

Si estás entre las personas nacidas del 8 al 12 de julio, BIENVENIDA. Tienes mucho que dar a la humanidad, tienes el poder de conseguir todo lo que te propongas. Aprovecha esa energía que el universo puso en tu SER y lo verás materializado. SÉ QUE LO HARÁS.

DIME QUÉ AGRADECES Y TE DIRÉ QUÉ TIENES.

GRACIAS...

GRACIAS...

GRACIAS...

Por seguir hasta aquí, querida lectora.

Gracias...

Por tu perseverancia...

Por el compromiso...

Por la voluntad...

Por tener fe...

Por la confianza...

Por tu valentía...

Por tu esfuerzo ...

POR QUERER VOLVER A SENTIR EL DESEO DEL AMOR.

Y ante todo darte las gracias, gracias, gracias, por haber llegado hasta aquí. Si sigues aquí aun es porque eres ESPECIAL, no todos siguen. Todos tienen el mismo potencial, pero no todos tienen el mismo valor para accionar y expandir todo lo que llevabas en tu interior y hacerlo surtir efecto para tener una vida exitosa y deseada. Por todo ello te digo… GRACIAS.

Solo queda decirte: ¿me puedes hacer un favor? ¿Conoces alguna persona como tú a quien puede ayudar esta trilogía? Comparte con ella personalmente o en tus redes sociales la parte del libro que más te ha gustado. Puedes hacerle una foto.

Me sentiré eternamente agradecida. Gracias por colaborar en mi propósito de crear una comunidad de personas felices y brillantes que rompen sus patrones y se liberan de sus anclajes pasados y vuelan sin miedo hacia su felicidad.

SESIONES PRIVADAS. Quiero ayudarte, estoy aquí para guiarte de todo lo que yo he aprendido durante todos estos años sobre el dominio de la mente, la ruptura de patrones repetitivos. Aplicando distintas técnicas llegaremos a tu objetivo de pasar de víctima a tener tu propia esencia y empoderarte. Tendrás la claridad de cómo debes actuar en distintos conflictos que te sucedan.

Compartiré secretos que no nos han sido revelados en nuestra enseñanza y que son primordiales para conseguir la vida que siempre deseaste.

¡No tengas dudas! Comunícate conmigo y te las resolveré. ¡Todo cambiará!

¡Te espero!

LA LECTURA.

Dicen que a la lectura solo hay que dedicarle esos ratos perdidos. Para unos es un pasatiempo y para otros muchos es una rutina indispensable y obligatoria. Leer es un ejercicio mental beneficioso para la mente. Puedo decirte por mi propia experiencia que el saber te da autoridad, sube la autoestima, viajas a través de la mente a lugares increíbles,.. Igual que cuidas tu cuerpo te animo a que cuides tu mente. Ponte tu rutina diaria de tener más conocimiento, crece a todos los niveles.

Hoy tengo que agradecer el motivo que me impulsó a escribir esta trilogía. Fue precisamente mi hábito de lectura que llegó a mis manos un libro titulado **La voz de tu alma**, libro de una saga escrita por el mentor número uno de habla hispana en crecimiento personal y llamado **Lain García Calvo**.

Fue mi despertar, el que me inspiró, me trasformó y me acompañó en todo este proceso que para mí era un imposible y que hoy lo veo hecho realidad.

Quien supo ponerme esa semilla de poder en mi mente, que cuando decaes no te suelta de la mano y te lleva hasta el final. Escuchas la voz de tu alma que te dice: sigue, ¡TÚ PUEDES!

Si quieres un cambio en tu vida te lo recomiendo. Mi vida cambió profundamente, así que te animo. Tú puedes ser la siguiente persona si tú lo deseas.

Escucha la voz de tu alma y vuélvete imparable.

Gracias LAIN.

www.laingarciacalvo.com

Si lo deseas aquí tienes la información donde no solo podrás observar toda la saga, sino también el evento intensivo "¡Vuélvete Imparable!" donde pude trasformar mi vida y tú también puedes hacerlo.

SÍGUEME EN MIS REDES SOCIALES

 Dolores Marín Gómez

 dolores.marin.gomez

 doloresmaringomez.com

 dolores.marin.gomez@gmail.com

 Dolores Marín Gómez